福祉が世界を変えてゆく

―社会の課題に取り組む現場の声―

Social Workers as Trail Blazers:
Changing the World by Meeting the Needs of Individuals, Families and Communities

伊藤冨士江／編

Sophia University Press
上智大学出版

はじめに

「社会福祉」と聞いてどのようなイメージを思い浮かべるでしょうか。

私は大学の社会福祉学科で教えるようになって二十数年経ちます。社会福祉の臨床活動・技法であるソーシャルワークを担当していますが、毎年初回の授業で学生たちに「社会福祉とは何か」、自分のことばで自由に書いてもらうことにしています。

そのごく一部を挙げると、まず簡単なものとして、

「必要がある人たちへ希望、関心、愛を与えること」

「人の心に寄り添い、生活・人生をサポートすること」

「社会的弱者を支援するためのもの」

「『当たり前のレベルで過ごせる』ことに尽きる」

「端的に言って、社会貢献と人的援助だと思う」

次にもう少し考えた定義としては、

「社会的弱者が社会という厳しい環境で自立できるよう支援する行動」

「社会で生きていくうえで経済的事情や障害による不利益を被る人がよりよい生活を送

ることができるようサポートすること」
「ケアやサポートをする側と受ける側の信頼関係を前提に、ケアやサポートを必要とする人の声に寄り添ってケアやサポートをしていくこと」
「社会的弱者（高齢者・児童・障害者）の抱えている問題に寄り添い、相談に応じ、その解決を目指すために、サービスを提供し、全ての人々が人間の尊厳をもって生活していける手助けのこと」

さらに、権利や社会にまで言及した定義としては、
「みなそれぞれに幸せになる権利を持っていて、その幸福の実現のために必要なもの」
「全ての人の生活の質を底上げするために社会に働きかけるものの総称」
「社会的弱者のみならず、全ての国民が幸福な暮らしができるような社会をつくっていくこと」
「人々がバックグラウンドや環境にかかわらず〝自分らしく〟生きられる社会を創造することを目指す分野」
「社会的弱者とされている人々のセーフティネットになるだけでなく、国民の生活の質を底上げするために社会に働きかけるものの総称」

また、「どのような分野にも関わっていて、限定した意味で定義することができない分野」

と書いてくる学生もいます。前記いずれの定義も社会福祉の理念や価値、実践の多様性などそのポイントをついていると思います。サポート、生活の質、尊厳、幸せ、自分らしさなども社会福祉分野のキーワードです。

二〇一四年に国際ソーシャルワーカー連盟等によって採択された『ソーシャルワークのグローバル定義』では、次のように定義されています。

「ソーシャルワークは、社会変革と社会開発、社会的結束、および人々のエンパワメントと解放を促進する、実践に基づいた専門職であり学問である。社会正義、人権、集団的責任、および多様性尊重の諸原理は、ソーシャルワークの中核をなす。ソーシャルワークの理論、社会科学、人文学、および地域・民族固有の知を基盤として、ソーシャルワークは、生活課題に取り組みウェルビーイングを高めるよう、人々やさまざまな構造に働きかける。」

この定義の中で最初に「社会変革」に触れていることに驚かれる方も多いのではないでしょうか。ソーシャルワーク、社会福祉は、現代社会が抱える問題にミクロ（個人）レベルで取り組むとともに、メゾ・マクロ（地域社会・国）レベルでも働きかけていくことを中心に置きます。制度・政策のハード面と、臨床のソフト面の両輪がかみ合って実現できる分野ともいえます。

この本は、さまざまな分野で社会の課題に果敢に挑戦している人たちの声を集めたものです。個人的経験を綴っているようでいて、共通する仕事のやりがいや魅力、社会的メッセージを読み取ることができるでしょう。現在、社会福祉に関わる現場を目指す若者は減少傾向にあり、人材不足の課題を抱えている中で一石を投じることができればという願いもあります。分野ごとにまとめてありますが、どこから読み進めても構いません。タイトルや執筆者の卒業年を参考にして、あるいは気に入ったイラストのあるところから、ぜひページをめくってください。

社会の中で「地の塩」として活躍している上智の卒業生からの力強いメッセージ……。読者のみなさんにとって、社会福祉の世界が広がり、きっと人生のヒントになるものが見つかるはずです。

編者　伊藤　冨士江

目　次

◆障害を持つ人々とともに（障害者福祉分野）

◆高齢者とともに（高齢者福祉分野）

◆子どもとともに（児童福祉分野）

始まりはボランティア
――学生時代から現在に至るソーシャルワーク実践を振り返って

武田　玲子

明治学院大学社会学部付属研究所
ソーシャルワーカー　一九七八年卒

学生時代のボランティア活動と実習の経験

私が福祉の道を歩もうと思ったのは、ある二人の方との出会いがきっかけでした。一九七四年上智大学に入学してしばらくしたころ、クラスの友人に誘われ障害者の方の運動会にボランティアとして参加しました。そこで、女性の介助者がいなくて困っている二人の車いすの女性と出会いました。一人は脳性麻痺のAさん、もう一人は幼児期にポリオ（ウイルス感染症のこと、現在はポリオワクチン接種により日本での発症はない）に罹り、手足の麻痺により車いす生活となられたBさんでした。初めての介助経験でしたので、お二人に教わり、トイレや食事の介助を行った記憶があります。帰りも送迎ボランティアの方が運転する車に一緒に乗り、ご自宅にお送りしました。

Aさんはご家族と暮らしていて、お母様がにこやかに迎えてくださいました。Bさんは、一人暮らしをされていました。「両親が亡くなってからリハビリをして、家を車いす用に改装して、区役所からヘルパーさんに来てもらって一人で生活をしている」というBさんのお話にとても驚きました。この時の出会いは、福祉に関わることになる私の鮮烈なデビューとなりました。

その後、お二人が参加されている障害者の会に参加するようになり、個人的なお付き合いも始まりました。Aさんから手紙や電話で連絡が来て外出に同行したり、障害者更生相談所で衣服の着脱練習のため宿泊訓練を行う際に介護者として泊まる経験をしたりしました。またBさんのお宅に時々お訪ねして、会報の作成や発送事務を手伝い、時には車いすを押して買い物や食事をご一緒するなどとても親しくなりました。Aさんは私と同年代で養護学校において教育を受けていましたが、Bさんは戦前に生まれ、就学免除により学校での教育経験がありませんでした。そうした教育環境にもかかわらず、Bさんの本棚にはフランクルの『夜と霧』などの哲学書が並び、知的好奇心が旺盛でした。当時ボランティアをしていた学生がBさんの家に集まり、一緒に歴史や憲法の読書会をしました。

また、その後知り合った脳性麻痺のCさんは、やはり就学免除で学校に行っていないため、義務教育の卒業程度認定が欲しいという希望を持っていました。数名の学生たちが交代で、家庭教師を引き受けました。さらに、障害を持ちながら子育てをするお母さん方とも出会い、子育ての苦労を聞く機会もありました。障害者の会のキャンプや学習会にお子さんたちも連れて参加され、子どもたちと遊び、一緒に料理をしたことなども思い起こされます。

こうした活動は、今でこそ「外出支援」「学習支援」「一時保育」「子育て支援」などとして、徐々に福祉サービスに取り入れられていますが、当時はほとんど制度化されておらずボランティアが担い手でした。Bさんは、福祉事務所の職員研修を引き受けておられ、最低限の生活の保障としてヘルパーを含む公的な支援の重要性を訴えていました。ある時、公的ヘルパーの回数を減らすという区の提案があり、公的ヘルパーがいかに必要かを伝えるために福祉事務所に同行したこともありました。Bさんは、フォーマルな（制度化された）社会資源とインフォーマルな（制度化されていない、私的な）社会資源を上手に組み合わせて生活されていましたが、そのためには行政への働きかけが必要でした。学生時代から二〇代後半にかけてのボランティア活動を経験したことで、地域で障害を持ちながら生活するには制度化された支援が不可欠であるという厳しい現実を垣間見ました。

一方、大学では、公的扶助、社会保障の理論や歴史、社会調査、ケースワーク等について勉強しました。ゼミでは、バイステイック著『ケースワークの原則』、フローレンス・ホリス著『ケースワーク―心理社会療法』等ケースワークの本に加え、アンナ・フロイト著『児童分析入門』、土井健郎著『甘えの構造』、ボウルビィ著『愛着行動』、池見酉次郎著『心療内科』等の関連分野の本を読み、原書購読では、アドボカシー（権利擁護、政策提言）や環境調整に関しても学んだ記憶があります。大学で学んだことは、種を植えるようなもので、当時どこまで理解していたのか定かではありませんが、その後の実践において、少しずつ芽を出したような気がします。

四年次にある社会福祉現場実習では、都内の児童相談所に行きました。現在のように虐待対応に追われていない時代で、多くの家庭に職員の方と一緒に訪問させていただき、プレイセラピー（遊びを用いた子どものための精神療法）の手伝いなども経験することができました。現在のような療育システムが確立していない時代で、自閉症のお子さん宅への家庭訪問も印象に残っています。療育機関、児童発達支援センター、児童デイサービスなどの福祉サービスがなく、多動なお子さんを受け入れる幼稚園や保育園も少ないため、目が離せず、ご家族はとても疲れている様子でした。また、統合失調症のお母さんに育てられているお子さん、不登校や家庭内暴力の問題を抱えるお子さんなどさまざまな子どもたちの様子を知ることができました。実習の経験から、ご家族だけでは抱えきれない子育ての現状を知り、地域で寄り添うボランティアも大切ですが、ソーシャルワークの専門家も必要と実感し、大学卒業後は児童相談所で働きたいと思うようになりました。

福祉職の公務員として

横浜市には社会福祉職採用制度があります。また、政令指定都市には児童相談所の設置があります。単純に、児童相談所で働く可能性があるという理由から横浜市の社会福祉職の試験を受け就職しました。しかしながら、初めの配属先は福祉事務所で、生活保護のケースワーカーとして働くことになりました。

一九八〇年代のバブル景気に突入する時代の直前のことで、福祉事務所では、サラ金問題、夫や妻の失踪、アルコール依存、未治療のうつ病や統合失調症等により生活困窮しているといった相談が連日あり、社会問題が山積みでした。若いころは、関わることで何か改善するのではと期待しましたが、現実は厳しく落ち込んで、仕事を始めて四～五年間くらいはいつ辞めようかと考える日々でした。

そのころ横浜市では、自主研究会の時間を職免（職務専念義務免除）により保障する制度があり、職場をまたいで実施される自主研究会が盛んでした。私は、公的扶助研究会や、中国帰国者の支援に関する自主研究会などに先輩に誘われて参加するようになりました。研究会で知り合った先輩や、同僚に恵まれ、何とか仕事を続けることができました。

その後、家庭内暴力や虐待などで行き場のない女性の存在に気づき、数名の女性のワーカーと自主研究会を始めました。一九八〇年代は、ひとり親や女性への支援施策、児童虐待や家庭内暴力の定義や法律もありませんでした。売春防止法に基づく県立の婦人相談所（現・女性相談所）がありましたが、DVから逃れて乳幼児を連れての一時保護や若年女性の出産前後の受け入れ先としては、十分なケアができませんでした。

生活保護担当者、婦人相談員、児童・障害者福祉担当者、児童福祉司等の女性のソーシャルワーカーが集まり、家庭内暴力などさまざまな状況で緊急に一時保護する必要性があっても社会資源がないこと、売春防止法に基づく婦人保護事業の現状や課題について話し合いました。自主研究会の成果として「婦人保護事業とは何か―その過去・現在・未来へ向かって―」をまとめました。さらに、現場のソーシャルワーカーと一緒に関わっている民間施設や大学の関係者にも入ってもらい、緊急性に直面している女性についての調査を実施しました。「緊急一時保護機能のあり方―横浜市の現状を踏まえて福祉現場からの報告―」を作成し、婦人行政推進室を通して横浜市に提言しました。その結果、横浜市内にさまざまな理由で一時保護ができる民間シェルターができ、現在では複数の緊急一時保護施設が存在しています。

既存の社会福祉施設やサービスの内容等の改善や開発を行い、行政に働きかけ、当事者の権利擁護や社会参加を進めていくことなどを、ソーシャルワークの分野ではソーシャルアクションと呼びます。一人では対応できないことも、共同研究により実践を視覚化することで、行政内部でも理解され、少しすすんでいくというソーシャルアクションの経験は、ソーシャルワークの醍醐味であると感じ始めました。さらに、こうした活動で知り合った性的虐待の被害にあった当事者の自助グループを作る手伝いをして、ファシリテーター（世話役・調整役）やグループの運営を経験したりしました。既存の福祉制度以外の分野についての視野も広がっていきました。

児童相談所における経験

一九九六年、児童相談所に異動となり、虐待、非行の通告の受理や相談のインテークの担当となりました。一九八〇年前後より、ベビーホテルの乳幼児死亡事件、母親の孤立による育児不安や育児ノイローゼという言葉が新聞に出てくるようになり、児童虐待が社会問題となり、一九九〇年より厚生省（現・厚生労働省）が虐待統計を始めました。二〇〇〇年の「児童虐待の防止等に関する法律」により虐待の定義が初めて法律で定められましたが、異動した当初はまだ、虐待の定義も曖昧で手探り状態でした。

現在のように、虐待通報を受理した後、全てのケースで四八時間対応（四八時間以内に子どもの安全確認）をするというシステムはありませんでしたが、通告内容によっては子どもの安全確認のために家庭訪問、あるいは学校や保育園に出向き子どもの状況を把握し、緊急に子どもを一時保護するなどのさまざまな方法で介入をしました。念願の児童相談所に異動したわけですが、私が学生時代に実習で感じた支援的な児童相談所に比べると相当変化している状況でした。子どもの虐待を防止するために、とにかく安全確認が重要で、子どもの保護を最優先にするため、保護者から子どもを離す場合もあり保護者と対立することがたびたび生じました。海外では子どもの一時保護の実施には司法（裁判所）が関与することが一般的ですが、日本では児童相談所による行政的な判断で実施するため、それだけ判断に責任が伴います。一時保護における司法の関与に関しては現在も、検討が続けられています。

児童福祉司としては、家庭訪問を繰り返すなどしても、虐待を防げず、強制的に子どもを家庭から離して一時保護することもありました。家庭環境の改善がない場合には、児童養護施設等の施設入所を説得しますが、保護者の同意が得られない場合には、家庭裁判所に申し立て、家庭裁判所の決定を経てようやく安全な施設に入所させることになります。その過程の中で、保護者の方からは「虐待じゃない。しつけだ。自分も同じようにしつけられた」などと怒鳴られ対立する場面も数多く経験しました。そのような時にも、保護者に対して、どうしてこのような状況に至ったのか教えてもらう姿勢や、時に直面化しながらも受容する姿勢で傾聴するという一番基本的なことが有効だったと感じます。保護者自身も殴られて育った厳しい生活環境や思いを吐き出すことで、子育てを振り返るきっかけになります。どう子育てしたらよいか、一緒にこれからを考えていくように変化する場合があり、ソーシャルワーク理論を実践に活かす重要性を実感しました。

一方で、子どもたちを安全な場に保護した後にも、さまざまな課題が沸き起こりました。環境が急激に変わる中、子どもは不安を抱え、不登校となることもあります。また他の子どもや職員に対して暴力や虐待を再現したり、職員側も反応して暴力的になったりするなど、施設不適応と施設内虐待への対応に追われました。さらに、児童養護施設、里親等の社会的養護においては、高校中退者が多く、思春期をどのように乗り越えるのか、自立支援も引き続き課題となっています。

家族への介入により子どもの安全確認をして、一時保護するといったパターナリスティック（父権主義的）な対応だけでは虐待の問題は解決しないため、保護者に対する支援の重要性が認識されるようになり、二〇〇八年厚労省より「児童虐待を行った保護者に対するガイドライン」

が出されました。保護者の支援を行い、家庭環境と親子関係を調整して、虐待を受けた子どもが家族と再び生活する、「家族再統合」の可能性を支援していく仕事がようやく始まりました。横浜市内四か所の児童相談所で協力し、虐待状況の改善についてアセスメントを行い、家族再統合のために何を行っていくか保護者と協働してプログラムを作成することなどが試みられるようになりました。

このように、児童虐待への対応は子どもを保護するだけでは完結せず、子どもが自立するまでの長い道のりの支援であり、ソーシャルワーカー一人ではできません。個別のミクロ的支援に加えて、地域への働きかけやさまざまな機関とのネットワークというメゾ的な視点が大切です。里親・児童養護施設等の社会的養護や地域の関係機関との連携、要保護児童対策地域協議会の運営や研修の実施など地域でネットワークを作って、バトンをつないでいくような仕事です。さらには、一自治体内だけでなく自治体間の情報交換や協議、政策提言等のマクロ的な視点も不可欠です。

社会福祉の学びと実践から、伝えられること

三五年間の福祉職の公務員生活を終えて、二〇一四年に上智大学大学院で再び社会福祉の勉強

をする機会を得ました。大学院では、児童虐待の対応について歴史的に振り返り、改めてソーシャルワークや精神保健分野、ストレングス（問題や病理などの欠点に焦点づけるのではなく、人々の強み・長所に焦点づける考え方）や、レジリエンス（人々が持つ回復する力）の視点、被害者支援、マネジメントなどについて学ぶことができました。実践に活かすための社会福祉の学びは尽きません。

現在は、地域の子育てに関わるネットワーク作りなどの中間支援の実践に関わりながら、子ども家庭福祉分野の在宅支援に関する研究を行っています。また、大学や保育専門学校等で非常勤講師として人材の育成などにも携わるようになりました。

振り返ってみると、ソーシャルワーカーとして働き続けていくうえで、たくさんの方たちとのつながりによって支えられてきました。同僚たちとの研究会を始め、日常的なピア・スーパービジョン（同じ立場のワーカー同士が互いの仕事の話を傾聴し、助言するなどの関係）、少し先をいく先輩メンターの存在、職場におけるスーパービジョン（職場の上司からの助言や支援）に救われました。特に児童相談所では、心理・法律・医療等に関するコンサルテーション（臨床心理士、弁護士、医師等からの専門的アドバイス）が自分にとっての糧になりました。

同時に、当事者であるAさんたち、仕事で出会った子どもたちや保護者の語りも自分を動かす強い動機になりました。若いころは、ソーシャルワークによる大きな変化を目指しましたが、次第に小さな変化とストレングスを見つけることが目標になりました。困難な状況に置かれている子どもたちについて、祈るような思いになることもありますが、一人で悩まず、同じような思いの誰か、同僚やスーパーバイザー、他職種の方を探すことが大切です。また、研究調査、大学院での理論的な勉強、学会への参加なども、私自身が無知であったこと、知らなかったことを教えてくれました。そして、当事者の言葉に耳を傾けると、自分には見えなかった多様な視点に気づかされることと思います。

Social Worker は、私の天職

沖原　江里加
イギリス・デボン州地方自治体
児童ソーシャルワーカー　一九九九年卒

上智大学社会福祉学科に行きつくまで

日本人の父と、ギリシャ人の母を持つ私は、ギリシャで生まれ育ち、現地の日本人学校で教育を受けました。子どものころからずっと児童に関わる仕事をしたい、大学時代は日本で過ごしたいという二つの思いが合体して、何となく社会福祉の学科がある東京近辺の大学を何校か受けたのです。思いがけず全部合格し（！）、その中でも由緒と知名度がある上智大学を選びました。大学受験の時にギリシャの親元を離れて、東京の親戚宅に下宿しながら上智大学文学部社会福祉

学科に四年間通いました。その日々を思い浮かべると、新鮮さ、緊張、活力、孤独などの感情が思い返されます。

「何となく」選んでしまった専攻分野ですが、今となってはその都度何かの拍子で選んだ〝点〟を辿ると、それはちゃんと未来につながる〝線〟となっていたのです。

イギリスの大学院へ進学、そして就職活動……

大学での四年間を経て一九九九年、卒業を目前にして、「さて、これからどうするか？」という不安感と迷い、それがその時の私の心境でした。社会福祉学科を終えたものの、自分が大学で学んだ社会福祉をどう活かしたいか、どの専門分野に進みたいか、など確固とした将来への方向性がなかったうえに、そのまま日本に残りたいのか、それとも語学力を活かして違う分野に進むのかについても迷いを感じていました。そんな時に四年次の社会福祉現場実習先でイギリスの大学院への進学を勧められ、O先生の推薦状を持って、イギリスで国際児童福祉という大学院の専攻に一年間進学することになったのです。

そのような経験を経て、大学院修了後の二〇〇一年にはイギリスで児童福祉士の資格を取得し、初めての職に就くことになりました。それまでイギリスでの実習や就労経験がなかったため、就職面接では現場経験がないとの理由で、次々に断られ続けました。最終的には、私から「どこからか始めないと現場経験も積めないので、とりあえずチャンスを下さい！」と、やる気を見せて懇願したのが通じたのか、ソーシャルワーカー業のノウハウもない私を雇ってくれたのが、ロンドンのとある区の児童相談所でした。

イギリス児童福祉の現場と業務内容

イギリスでの児童ソーシャルワーカーの主な業務は、所属するチームによって違います。たとえば、要保護児童チームでは、学校や保健師などの機関から通報を受け、現場に調査に行き、年齢によって当事者の子どもに事情聴取をして、場合によってはそのまま一時的に親から離して保護するという可能性もあります。いったん、子どもを保護し安全な場所に移した後、親元に戻すことが可能か、他に親類で面倒を見られる人がいないかなどの即急な判断が必要とされます。その後も長期的な視点で、その子どもがどこで育つのが好ましいのかというプランニングが、その子どもの生活に関わる機関の間で始まります。

イギリスの児童福祉法では親元で育つことができない児童は、①養子縁組を結ぶ、②親族、血縁、その他関係者で養育する、③永久里親家庭に委託する、④児童養護施設に入所する、といった順番に沿うことが推奨されています。もっとも、児童養護施設は最近はどんどん閉鎖されていて、よほど家庭環境で育つことができない児童、主に高学年の児童や、問題行動や非行動のある児童が対象となっていて、一般的ではありません。やはり、子どもは家庭で育つのが一番、という考えが根強いようです。

今まで携わった仕事

働き始めてから、私の就職先（配属チームや機関）は多々変わりました。今まで携わったことがある業務の一つは、保護された児童のアフターケアチーム。一時的に里親家庭に委託され、親元には戻さないことが決定し、現時点の子どもの状態を維持しサポートし続けながら、今後の長期的プランを考える必要がある段階に携わる業務です。その他には、児童保護チーム、親子アセスメントチーム（親に養育能力があるかどうか判断する業務内容）、里親斡旋チーム、里親育成事業、児童のトラウマの修復などの仕事に携わってきました。

近年のイギリスの児童福祉では、虐待やネグレクトの経験のある子どもたちの日々の面倒を家庭で見る里親たちの育成と教育を重視しています。成長過程でトラウマ（心的外傷）を受けた子どもたちのとる行動（ためし行動や問題行動など）の理解を深め、虐待やネグレクトの経験のある子どもたちの心の修復ケアを、日々の生活の中に取り入れるのです。

私も、一八週間にわたる里親アプローチ手法プログラムに携わったことがあります。里親に委託される子どもたちは、何らかの虐待やネグレクトの経験を経ている子がほとんどです。そのような子どもは誤ったコミュニケーション手段や人間関係を学習してしまっています。その誤った学習を、根気よく、忍耐強く修正していくのが、里親の大きな仕事となります。たとえば、曲がって育った木をまっすぐに矯正するように、時間のかかる忍耐強さが求められるのが、虐待を受けた子どもたちの子育てなのだと考えます。

でもそれは、言うほど簡単なことではなく、時には里親が子どものためし行動に振り回されたり、里親自身の家族に悪影響になったり、負担がかかる場合もあります。それを覚悟でこのプログラムに参加し、根気強く、被虐待児童と向き合っている里親とそれを支える彼らの家族たちには脱帽します。そんな里親たちに話を聞くと、時には子どもが悪魔に思えることもあるけれど、子どもの行動の一つひとつに意味があり、その行動の裏に隠れている意味を探し（たとえば、本来は信頼すべき大人から虐待を受け続け、人に対して不信感を持っているからこんな自分でも受け止めてくれるのか、愛情を注いでくれるのか、を試しているのが行動の裏にある意味）、徐々にポジティブな経験を積むことによって信頼の基盤を作り、今まで無口だった子どもがだんだん心を開いてくれる時を待って頑張るのだ、との強い思いと希望がそこにはありました。

また、虐待を受けた子どもの話によると、ためし行動をとっても逃げずに何度でも自分の隣にいてくれる里親、または自分がどんな極端な行動をとっても（たとえば、その子はかんしゃくを起こして部屋の家具を二階から階段の下に投げ捨てた）、拒絶されないと初めてこの人を信じてみようという気持ちが少し芽生えてくる、とのことでした。そんな自分を受け入れてくれる里親との間に築く人間関係の深さは、自己への自信につながったり、安心感につながったりするようです。不思議とそういう経験を経た子どもは、学習意欲が出たり、友人ができたり、教育面、社会面、精神面での向上が見られるのですから、信頼関係の力はそれだけパワーがあるのです。

最近の仕事

ここ数年は、主に親子アセスメントに携わっています。それは、親に養育能力があるかを判断し、その判断レポートを裁判所に提出する仕事です。最終的な決定権は裁判所にあります。親にはカップルや単親とさまざまな形がありますが、主に一〇代や若い母親が多いです。子どもは生まれた直後の乳幼児が多いですが、時には幼児、二人以上の子どもの場合もあります。

アセスメントの形式には、親子は自分たちの住居にいたまま、ワーカーが訪問して行う場合と、リスクが高い場合は親子ごと里親家庭に委託し、四六時中里親が監視する中で、アセスメントワーカーの私が訪問（週一回程度）して行う、とケースによって二通りのやり方があります。アセスメントというのは、まずは親に自分の子どもを養育するうえで問題や、バリアになっているものが何なのかを考え（問題意識の確立）→そのために何をしたらいいのか（行動プラン）→実際に変化を試みる期間→その変化を維持できるか、単純にいえばそのような段階を追います。

問題は一つだけでない場合もあります。たとえば、薬物依存症と、親自身の養育トラウマから発する精神衛生上の問題。親自身に満たされていない部分があると、薬物に手を出して、辛い感情が麻痺したり、知らないうちに自分が満たされるための行動を優先してしまい、子どもが二の次になってしまう場合がよくあります。極端に聞こえるかもしれませんが、実際に自分以外の他者（それが自分を頼りにしているわが子であっても）を配慮できない精神状態に陥る場合もよくあります。

または、親自身が愛情を受けて育った経験が不足しているため、子育ての仕方がわからず、ご飯とおもちゃを与えれば子どもは育つと思い込み、一緒になって遊ぶ、かまう、愛情を注ぐ、物事を教える、という親なら当たり前のことができないまま、子育てしている親もいました。その子たちは、ネグレクト状態の中で成長し、親に対して要求をしなかったり、怪我しても泣かなかったりする一方で、早い時期から自分だけでご飯を食べることができたり、親に頼らずに生活する手段を覚えていきます。人間の適応能力には本当に感心します。

しかし、親に変化を求めても、親自身が問題意識を持っていなければ話になりません。問題意識を持つか、専門家のアドバイスに関心を示すか、アセスメントへの取り組む意識や姿勢など、全てその親が養育権を維持できるかの判断基準になります。その他にも、もっと科学的な方法として、親子の交流風景のビデオを分析し、赤ちゃん自身が親の行動をどう捉えているのかを診断するというツールも使います。たとえば、親子で交流している途中で、言葉で感情を表現できない赤ちゃんが訴えている不快感を親がちゃんと理解してそれに応えられるのか、赤ちゃんが楽しい感情の時は一緒になって喜ぶことができるか。これは親が言葉を発さない赤ちゃんの状態をその子自身に感情移入して想像できるか、わが子の立場に立って物事を想像できるか（メンタリゼーション）、というテストです。これがなぜ重要なのかというと、親子間のコミュニケーションという重要な部分に関係してくるからです。親が子どもの感じていることを理解してあげられるかとは、将来的にその子をどれだけ理解できるようになるか、ということに関係してくるのです。自分の子どもを理解できなければ、子どもが問題に直面した時に適切な対応、ケアができない危険性が出てきますし、また子どもも親にわかってもらえないという思いを持ったまま成長し続けるので、相互関係に問題を来たします。

時には好感を持てる親でも、子どもが必要とするだけの養育能力に欠ける親もいます。そのような時には私自身の感情とは別に、親子分離という判断に行き着く場合もあります。私がどんなに親に好感を持っていても、最終的には子どもにとって何が最善なのか、それも子どもの成長を満たすことができる期間の中で決める、という二点が判断基準となるのです。

ソーシャルワークの魅力

大学卒業後、就職、結婚、二回の育児休暇の経験を経て、現在一六年間もイギリスの児童福祉の現場で働いていることになります。法廷で子どもの将来や親の養育能力について弁論したりするため、一見ベテランと思われがちですが、未だにわからないことも多く日々新しく学ぶことばかりです。それもあって私は、この仕事に魅力を感じずにはいられません。

私にとって児童ソーシャルワーカーである魅力は三つあります。

まずは、自分がその子どもの未来がかかっている分岐点に携わり、その決断がその子にとってよりよい未来へとつながると信じて、真剣な姿勢で取り組む時に投資するエネルギー。

二つ目は、わが子の養育権をなくそうとしている親と働くにあたって、たとえ結果が親子分離であっても彼らの親業の過程で、私との関わりが、彼らにとって何かしらのポジティブな要素を持っていること（たとえそれが今現在実りに至らなくても、将来何かのヒントになるとか）。

三つ目は文献やリサーチ、過去事例などの新知識を取り入れ、常に自分の仕事に緊張感を持ち、可能性を広げる姿勢を持てること。さらに、その知識をチーム同僚と情報交換できること。

私にとってソーシャルワークの概念は、社会学、心理学、倫理学、さらには基本的な人間同士のあり方にまで、幅広く広がります。そのため、さまざまなジレンマ（難題）にも遭遇します。たとえば、子どもの人権 vs 親の人権（どちらを優先するべきか?）、自分個人の価値観や経験に惑わされる心、感情移入してしまい客観的な姿勢を保つことの難しさ、ソーシャルワーカー一個人としての思想 vs 組織の中の自分の立場、などの問題点に直面しては、自分を顧みて、それを糧にまた前に進む、といったことの繰り返しともいえます。

進む過程でどんどん先に新しい道が待っていることが最大の魅力でもあります。大学や現場の経験で培った知識、能力がその道をどんどん切り開いていってくれます。読者のみなさんにも、今の経験が将来のどこかで役立つ時が必ず来るものと思います。みなさんの活躍を期待しています！

児童自立支援施設での暮らしから

関根　祥子

国立武蔵野学院　厚生労働教官
二〇〇四年卒

夫と二歳になる息子、そして五人の子どもたち、これが今の私の「家族」です。

私は、二〇〇四年に上智大学の社会福祉学科を卒業しました。大学では児童福祉や精神保健福祉を中心に学び、思春期の子どもたちと直接関わる仕事がしたいと思い、色々と調べているうちに「児童自立支援施設」に出会い、「国立武蔵野学院附属児童自立支援専門員養成所」に行き着きました。そして、その養成所で一年間学んだ後、栃木県の児童自立支援施設「栃木県那須学園」で六年、児童相談所で四年働き、その後、縁あって三年前から養成所のある「国立武蔵野学院」で職員として働いています。

「家族」と書いたのは、「国立武蔵野学院」での支援形態が「小舎夫婦制」であるからです。「寮長」である夫と「副寮長（寮母ともいう）」である私が、一つの寮舎を与えられ、全国からさまざまな理由でやってきた子どもたちと、ともに生活をします。個性豊かな子どもたち、無断で施設を飛び出すこともあれば、子どもたち同士のトラブルもあり、うまくいかないことに腹を立て暴れてしまうこともあります。それぞれが色々な課題と向き合いながら、ともに生活をする中で、自己を知り、他者を知り、互いに信じ合うことを学び、成長をしていきます。その様子を一番近くで見守り、子どもと一緒に成長するのが私たちの仕事です。

児童福祉施設の中でも施設の特殊性からなかなかスポットライトを浴びることのない児童自立支援施設ですが、ここで働いていると時代や社会の流れ、問題性が見えてくることもしばしばあります。そしていつも、社会的弱者であるのは子どもたちだと感じさせられます。社会の片隅に、こんな世界が広がり、そこで肩を寄せ合い、日々を邁進する子どもたちと大人たちがいることを感じていただきたく、執筆させていただきました。

児童自立支援施設とは

児童福祉法第四四条には、児童自立支援施設の目的について、「児童自立支援施設は、不良行為をなし、又はなすおそれのある児童及び家庭環境その他の環境上の理由により生活指導等を要する児童を入所させ、又は保護者の下から通わせて、個々の児童の状況に応じて必要な指導を行い、その自立を支援し、あわせて退所した者について相談その他の援助を行うことを目的とする施設とする。」と記されています。

児童自立支援施設の歴史は、日本における児童福祉施設の中でも古く、明治時代にまで遡り、大阪の非行少年たちに実学を習得させる場として明治一六年（一八八三年）に池上雪枝が作った「池上感化院」がその源流とされています。その後、民間の篤志家によって「感化院」が全国に設立されていきます。明治三三年（一九〇〇年）に「感化法」の制定。大正三年（一九一四年）には留岡幸助が「北海道家庭学校」を開校します。留岡幸助は「不良少年の多くは悪むべきものにあらずして寧ろ憐れむものなり」とし、「家庭にして学校、学校にして家庭たるべき境遇」を与えるべきであるとし、現在の小舎夫婦制の基本型といえる支援形態を作り上げました。その後、「感化院」は「少年教護院」へ名称変更され、さらに戦後の児童福祉法の施行により「少年教護院」から「教護院」に名称変更がされました。

さらに平成九年（一九九七年）の児童福祉法一部改正にともない、「教護院」は「児童自立支援施設」と名称を変え、入所児童を単に保護、教育するだけでなく、家族や子どもを取り巻く環境の調整や退所後のアフターケアを強化し、子どもの自立支援を目標とする施設であると位置づけられます。また、学校教育の実施や、対象児童も従来の「不良行為をなし、又はなすおそれのある児童」のほか、「家庭環境その他の環境上の理由により生活指導等を要する児童」と拡大されました。

そして他の児童福祉施設と最も異なるのが、入所に至る経緯が、家庭裁判所の審判を受けて入所する児童がいることです。児童自立支援施設に児童が入所する経路は、児童相談所の「児童福祉施設入所措置」によって入所する経路と、家庭裁判所の少年審判における「保護処分」によって児童相談所を経由して入所する経路とあるのです。よって、公共性の高い施設として、全ての都道府県に設置義務があり、栃木県と埼玉県内に国立の二施設、横浜市、大阪市、神戸市に市立の、北海道と神奈川県には私立の児童自立支援施設があり、その数は全国で五八か所に上ります。

長い歴史の中で、大きく変化しているのが、対象児童の拡大だけでなく、施設の職員の勤務形態です。全国的に一〇〇年前後の歴史を持つ施設が多く、設立当時はその多くが夫婦で寮を運営する「夫婦制」だったのが、夫婦の確保が難しい、その勤務形態が公務員としての勤務形態と合わないなどの理由から、職員が時間で代わる代わる寮に入る「交替制」に変換せざるを得なくなってきています。現在、夫婦制をとっているのは一八か所となっています。

さて、私の働く「国立武蔵野学院」ですが、ここは男子児童を対象にした施設です。小舎夫婦制で営まれており、現在は中学一年生から中学校を卒業した後の児童が入所しています。県立の児童自立支援施設と異なるのが、児童の行動の自由を制限する「強制的措置」を実施することができる点です。「強制的措置」は家庭裁判所の審判でのみ、その必要性が判断されます。学力・心理検査、学院生活の説明や学院生活への動機づけを行うインテーク等を行う入所時と、自分で自分を傷つける自傷や他人への暴力等の他害やそのおそれがあるなど、開放的支援では対応が困難な児童の状態の時のみ利用されることとなっています。よって、入所児童は、家庭から直接入所となる児童もいますが、県立等の児童自立支援施設での生活が行き詰まってしまった児童が多く入所しています。また、「国立武蔵野学院」の特徴として、将来、児童福祉の担い手になることを希望する若者が学ぶ「国立武蔵野学院附属児童自立支援専門員養成所」があること、全国の児童自立支援施設のほか、児童福祉施設、児童相談所の職員等を対象として研修を行っていることが挙げられます。

児童自立支援施設の子どもたち

私には二歳になる息子がいます。この息子の体は小さくても、私たち夫婦や子どもたちの中で発揮する力は偉大で、新入生が集団に入るきっかけを作ってくれたり、運動や学力が他の子どもたちより劣っている子どもに息子が一番懐いたことで、その子どもが喜びを得たりしたこともあります。以前、先輩職員から「影の寮長になるよ」と言われていた通りです。特に、子どもたちが、息子の存在をきっかけに、自らの幼少期を振り返り、私たちに伝えてくれることがあります。「〇〇君（息子の名前）はずるい、まだお母さんのおっぱいを飲んでいるなんて。僕は二歳で養護施設に入れられたんだ」。当時小学六年生のある子どもは言いました。また、ある子どもは、自分がトイレで生まれたことを当然のことのように話し、息子の保育園入学をきっかけに自分の保育園の思い出を「お母さんが保育士さんや他の子どもの保護者に頭を下げていることしか覚えていない」と話してくれました。息子が大きな声で泣くのを聞いて、「自分は子育てなんてできる自信がない」、「自分だったら殴って泣き止ませる」と話した子どももいます。

子どもたちの関わりの不器用さも、息子との関わり方を観察していることでよくわかるようになりました。他人と「波長を合わせる」ことが著しく苦手な子どもが多いのです。息子が求めてもいないことを無理矢理やろうとしたり、いきなり大きな声を出したり、息子に拒否されていても、しつこく関わろうとしたり……、逆に息子に嫌がられたら「もういいや。もう知らない」と二歳の子どもを真っ向から否定しようとしたり、自分はもうだめだと自分の存在価値をそこで測ろうとしたりするのです。

窃盗や傷害、強姦など、子どもたちが入所してくる主訴は許され難きものであり、行きついた先は、児童福祉の最後の砦ともいわれる児童自立支援施設ですが、そこにいる子どもたちはよくここまで生きていたと思わせるような成育歴を抱えています。病院から直接乳児院に預けられ、その後一度も家庭の生活を送ってきていない子どもたちや、児童養護施設や情緒障害児短期治療施設、里親、県立の児童自立支援施設など家庭と施設の間を転々としてきた子どもたち、家庭で育ってきても、養育環境が劣悪で、虐待やＤＶの影響が行動上の問題として表れている子どもたち。何か大きなものに心行くまで包まれた安心感というものがなく、実の親から、家庭から、地域から、学校から、施設から疎外され、拒絶されてきています。誰か決まった人と目を合わせ、自分のしたことを受け止めてもらい相手のしたことを受け止める、同じことで笑い合い、楽しむ、そんな人間の原始的な営みの乏しさが、ここにいる子どもたちの存在の危うさにつながっているのです。

息子が知恵をつけてくると、私が言ったことをじらして受け止めなかったり、「追いかけて」、「こっち向いて」と注意を引こうとしたりするようになりました。その姿が子どもたちの日々のためし行動や「自分を見てほしい」というアピールと重なります。本当にこの幼少期に受けなくてはいけなかった喜びを受けていないのだなぁと実感します。と同時に、「無関心」ということの罪の重さに気づかされるのです。親が夜間就労で夜中は留守番、昼間は親が寝ていて構ってくれない、母親が父親の暴力を受け精神的に追い詰められた中での子育てだったなど、養育者には養育者なりの理由があるのでしょうが、子どもたちにとって、自分が一番大切にされた幼少期ではないのです。「問題の除去」を世間はこの施設に期待するのだと思いますが、その「問題」にはもっと根本的な課題が隠されているのであり、子どもたちは人が人として生きるために必要な欲求を、今、必死に満たそうとしているのです。

子どもたちとともに

「栃木県那須学園」で六年、「国立武蔵野学院」で三年、多くの子どもたちと出会ってきました。その中には、施設の生活になかなか根付くことができず、施設を飛び出したまま措置解除となった子どももいます。また、退所して成人になってからも、時々「さみしい」と言って連絡をくれ、一緒にカラオケや食事を楽しむ退所生もいます。児童相談所で仕事をしていた時には、退所生が妊娠、出産、子育てをしていく経過を見守っていたこともあります。

多くの子どもたちが、退所後は必ずしも順風満帆とは言えない人生を送っていますが、孤独の中ではあっても、父親や母親になり、家族を支える存在になっていく姿は逞しく映ります。そしてその姿を見ながら、施設は、自分は、この子どもたちに何を残せたのかなと考えます。

長い人生の中の、たった一年や二年の経験は、そう多くのものを子どもたちには残せないのかもしれません。この仕事を始めたころは、「この子をこうしなくてはいけない」と、がんじがらめになって、本人の状態を無視し、自分の思う通りにしようとしたこともあります。本人の成長の状態が追いついていなければ、当然それは支援の行き詰まりにつながってしまうのです。虐待やＤＶを体験した子どもであれば、支援者と「支配―被支配」の関係を作ろうとしますし、大人が頑張れば頑張るほど巻き込まれてしまうこともあります。巻き込まれつつあるのはわかっている、でも目の前で起きていることにひとりの大人として見過ごすことはできない、その二つの選択肢の中で悶々とするのです。

子どもたちの見せる顔は多様であり、経験の中でわかっているつもりになって向き合おうとすると、手のひらを返されたように予想外の反発を喰らうこともあります。「先生に自分のことなんかわかるはずがない」と那須学園で出会った女の子は言いました。わかるはずがないのです。子どもたちはたった十数年の中で、多くの子どもが受けることのない傷をたくさん受け、壮絶な体験をしてきているのです。でも、その言葉の裏には「本当はわかってほしい」という声なき声も含まれているのだと思います。本当にわかり合うことができるなんていうことはない、それをお互いどこかで理解しながら、それでも寄り添い、寄り添われ、その関係や感覚を内在化していくのです。この仕事に就いて何年経っても、子どもたちが見せる予想外の姿に翻弄されながら、その子にとって何がいい関わり、支援なのだろうと考える、その日々の切磋琢磨や試行錯誤が、この仕事の醍醐味であり、それを止めてしまったら、いけないのだと私は思っています。

夫婦で寮を持つということ

平成二七年四月一日、国立武蔵野学院に採用された私たち夫婦に、子どもたちが生活する寮舎と職員家族が生活する官舎が一緒になった白い平屋の大きな建物と、広い庭が与えられました。「好きなようにやったらいい」、夫婦制の先輩の先生たちは言ってくれます。しかし、私たち夫婦は、交替制のチームの一員として、他の職員と協議し了解されたことや施設の歴史の中で作られてきたことの中で仕事をしていたので、「好きなようにと言われても、どうしたらいいかわからない」というのが正直なところでした。言わば、サラリーマンから自営業への転身です。ルールをどこまで作るか、子どもたちに何をどこまで求めるか、夫婦間でもぶつかり合いながら、少しずつ帳尻を合わせてきました。

私たち夫婦は、特別何かに長けているわけではありません。子どもたちが自然についてくる、そんなカリスマ性を持っているわけでもありません。「チームの一員」の方がよかったのかもしれないなと思うこともしばしばあります。ただ、二年間、寮舎の生活をしてみて、その時の子どもたちが作って残していってくれることが大きいなとも思います。そういう普通の夫婦が、子どもたちにできることを必死に考えた末にできていく寮舎でもいいのではないか、だったら自分たちでも何とかなるのかなと今は考えています。大人が大人の枠の中で考え、提供したものの中で子どもたちが生活するよりも、子どもたちが子どもたち同士で生活しやすい寮を考えて作っていく方がいいのではないか、私たち夫婦はそれを近くで見守り一緒に成長していく大人たちでありたいと思います。

　また、自分たちができていないことは、交替制の時よりも、直接、自分たちの責任として返ってきます。だからそのことで悩み、夫を責めてしまうことや、子どもたちと向き合うのが辛いような思いをすることもあります。そういう時はできるだけ、寮舎の外に助けを求めます。心理士やスーパーバイザー、先輩の職員などに状況をわかってもらい、カンファレンス（会議）をし、多様な視点から見てもらい、共通理解の下で寮舎を中心に何重にも支援体制が敷かれることが理想です。夫婦だけで抱え込まない、それが私たち夫婦にとってだけでなく、結果的に子どもたちにとっても充実した支援が得られるのだと思います。日々の実践の中での苦労や、そこから得た考え方や技術は、ファミリーホームや里親など、家庭的養育を実践しようとする現在の社会的養護の担い手の方たちとも共有できるところです。

　とはいっても、毎日「これでいいのか」「このままでいいのか」と自分たちに問いながら、言葉にできない不安も抱えつつ、子どもたちの笑顔に支えられながらの、二年間。四月一日に採用され、その二日後の四月三日には息子が生まれているので、私たちの寮も、息子と同じように今やっと歩き始め、言葉を話し始めたといったところです。

社会の片隅から見えるもの

県立の児童自立支援施設、児童相談所、国立の児童自立支援施設と、場所は変わりましたが、児童福祉の世界で働くようになって、今年で一三年目となりました。たった一三年、されど一三年、確実に子どもたちと、子どもたちを囲む世界は変わってきています。

戦後の孤児を中心に保護していた時代とまでは言いませんが、私がこの世界に入った一〇年ほど前までは、施設に入所し、三度の食事があって、清潔な服を着て、温かい寝床に入ることができるだけで、この施設にいる意味があった子どもがほとんどだった気がします。しかし、今は、大量にモノがあふれている時代、ちょっと外に出れば安くて大量の物が手に入り、気に入らなければ捨てて新しいのを買えばいい時代です。当然、子どもたちも、施設で提供されるものに単純に喜んだりすることばかりではなく、ケチをつけることもしばしばあります。その裏で、どれだけの苦労があるかを想像することができないのです。学院では、稲作を手作業で行っていますが、自分たちの手を汚して自分たちが生きる糧を手に入れる実感が、子どもたちに乏しいのです。「誰かがやってくれる」という感覚は、特に施設での生活が長い子どもたちに強いです。子どもの貧困が叫ばれ始めて久しいですが、物があれば満たされるわけではない、子どもの心の貧困をひしひしと感じます。

また、児童福祉の最後の砦にいますと、さまざまなケースのこれまでの支援経過を見ることができ、日本の児童福祉行政の中で、子どもたちは本当に守られてきているのかと疑問に感じることも多いです。特に本学院に来る子どもたちは法に触れるような状況が主訴なので、その傾向が強くなりますが、子どもが悪いから家庭や地域から分離させられたというメッセージを与えられてばかりで、それを取り巻く家族や地域の状況については罰することもなく手つかずのままです。家庭の養育力を高められるような支援が行われていれば、今ここにいる子どもたちの中にはここにくる必要のなかった子どもたちがいたはずです。子どもたちを犠牲にし、その結果子どもたちを罰する社会になっているのだとすら感じています。

そしてまた、乳児院では乳児院で、児童養護施設では児童養護施設で、学校では学校で、本人のことを考え守ってくれていた人たちが必ずいるはずです。その声が受け継がれていくことがない、支援が途切れ途切れになっていることがあるのも悲しい現実です。その時の状況やその時の個人的な思いだけでなく、支援に連続性を持たせ、一人の子どもを社会がどう支えていくかを明確にする必要があります。そうしていくことによって、子どもたちは現実を受け入れ、社会で自分がどう生きていけばいいのかを考える力を持つことができるはずです。

子どもたちと会話をしていると、幼少期からの孤独の中で、子どもたちは子どもたちらしく生きる時間を失い、人目や格差を気にしてばかりの大人に、早くならなくてはいけなくなっているなと感じています。子どもたちが子どもたちの目で、社会や大人を見て、疑問を投げかけ、自分の生き方を選択していくことができる、そのお手伝いができるような支援を目標にして、これからも日々精進していきたいと思っています。

（追伸：読者のみなさんへ）
もし、少しでも興味のある人がいましたら、気軽に見学に来てください。

【参考文献】

（1）児童自立支援施設運営ハンドブック編集委員会編「児童自立支援施設運営ハンドブック」（二〇一四年）
（2）国立武蔵野学院創立九〇周年記念事業実行委員会編「国立武蔵野学院九〇年誌」（二〇〇九年）

◆障害を持つ人々とともに（障害者福祉分野）

発達に障害のある子どもたち、人たちを支援して

一松　麻実子
公益社団法人発達協会
ソーシャルワーカー・言語聴覚士　一九八六年卒

「発達協会に行ったらいいわよ」。社会福祉現場実習の指導担当H教授の一言で、私の人生が決まりました。大学の実習先としてお世話になった社団法人精神発達障害指導教育協会（現在の公益社団法人発達協会）に勤めることになり、三〇年以上が過ぎようとしています。

三〇年前の上智大学の社会福祉学科は、国家資格もない時代、八五日間の現場実習が必修科目

として位置づけられていることが大きな特色でした。学生は入学時からそのことを意識し、単位などはできるだけ三年までにとり終え、四年次には実習と就職活動のために授業は入れないように計画するのが伝統的な学生生活でした。三年次の後期に先生と面談し、将来の希望などを踏まえて実習先を決めていきます。

私は、子どもに関わる仕事をしたい、しかも何らかの障害のある子どもたちの……と考えて社会福祉学科を志望していました。学生生活は、大学という知識の詰め込みではない学び方の深さや楽しさも感じながら、でも学生の立場でしかできないことをしようと、多くのボランティア活動も体験しました。それらを通じて、自分がこの福祉を仕事にするだけの熱意も大義名分もまた宗教もない、将来の仕事にするのは無理だなと自分の中ではほぼ結論を出していての実習先の相談でした。将来は企業に就職するかもしれない、けれど、実習は悔いなく終えよう、と思って「障害のある子どもたちに接することができるところでお願いします」と先生に告げた結果が、冒頭の一言となりました。

当時のH先生は、都内で心身障害児施設の施設長もなさっていたので、そちらの学園での実習になるといいなと思っていた私には「あなたはウチの施設ではダメ、落第ね」と言われたような気分になったのを鮮明に覚えています。

ミノル君との出会い

発達協会は、通所で療育を行う施設ですが、夏休み中に親元を離れ職員やボランティアと過ごし自立に向けて生活を含めた指導をするために合宿の行事を行っています。そこに実習生として参加し、日中は山の中での草刈り作業をし、食事を作ったり入浴をしたり、夜は子どもたちと隣の布団で眠り、文字通り寝食をともにします。その時、ミノル君を担当することになりました。ミノル君は自閉症で言葉は発さず、叫びというほど大きくはない「イフッ」といった独特の声をあげる九歳の男の子でした。初めての場所に泊まり、初めての作業を教えながら、一緒に過ごします。が、名前を呼んでも「来て」や「おいで」と言っても、なかなか聞いてくれません。当時の私には、ミノル君が私の指示を聞いてくれないのはなぜか、言われている言葉がわからないのか、さえわかりませんでした。一緒に生活する中で、何度ミノル君の名前を呼んだことでしょう。ミノル君は、決して軽くはない障害のお子さんでした。けれども、何日か過ごすうち、名前を呼べば明らかに私のそばまで来てくれるようになりました。「私のことをわかってくれた！」という実感がありました。布団の中では甘えてもくるようになり、なんてかわいい！！離れたくない……素朴な正直な気持ちでした。でも、最終日はやってきて、東京に戻りお母さんたちと再会です。呼ばれなくてもお母さんのところに行き、その時に見せたミノル君の嬉しそうな笑顔。抱きついたり「オカーサーン」と言うわけでもありません。が、明らかに違う笑顔でした。ワ～こんな顔するんだ、やっぱりお母さんなんだなぁと寂しさを感じながら、でも自閉症という対人関係に障害があるといわれる子どもたちも、必ず変化し発達するんだなと実感しました。そして、お母さんたちが熱心に療育に通い、障害のある子どもを一生懸命に育てていこうとするその思いが少しわかったような気がしたのでした。この合宿で実習が終わり、私はやはりこの子たちと関わりたいんだと強く思うようになりました。

当時からの発達協会の中に流れていた「子どもたちの力を信じて働きかければ、子どもたちはその力を伸ばすことができる」という考え方に共感し、キャンプを通じてそれを実感しました。これも福祉だというならば、私にもできるかもしれない、という思いを持てたのです。

けれども、たった三年間社会福祉を学んだだけで私に何ができるというんだろうという思いもまた実習を通じて強くなりました。「イフッ」としか言わないミノル君のことを考えた時、言語やコミュニケーションの問題に働きかけることができないのか、と思ったのです。そこで思い浮かんだのが、実習中にも出会っていた「スピーチセラピスト」という職業でした。今は、言語聴覚士という国家資格ができていますが、当時の日本にはまだ資格がありませんでした。アメリカでは大学で六年間もかけて養成される国家資格だったにもかかわらず、日本では養成機関で学んで自称「ＳＴ」と名乗るというお寒い状況でした。でも、とにかく養成機関に行くしかないと考え、日本全体で数校しかない養成校を受験することに決めました。社会福祉学科の仲間たちが続々と公務員や施設等に就職を決めていく中で、二月に試験があり、三月に結果が出ます。これに落ちたら大学の卒業後に何をするつもりだと、将来が何も見えない不安と戦いながら試験勉強に臨みました。国家公務員試験レベルの一般教養や英語を、自分の将来をかけて必死に勉強しなおし、養成校に合格できた時は本当に嬉しかったです。一年間のコースでしたが、朝から晩まで勉強か実習に励むという内容の濃い一年でした。

その養成校を卒業する時、たまたま発達協会の職員にならないかと声をかけてもらったのがきっかけで、また発達協会でお世話になることになりました。当時の協会は、社団法人という組織にはなっていたものの、常勤職員が九名という小さな団体でした。言語聴覚士は医療機関に勤め、大人の方のリハビリに当たるのがほとんどの中で小さな福祉施設に勤めることになり、家族からは大反対もされました。が、ミノル君にもう一度会って、ミノル君のような自閉症の子どもたちのために働きたい、とその時の決意は固く、今に至っています。

発達協会の三つの事業

私が就職した当時、発達協会は療育と啓発という二つの事業を行っていました。昼間は療育をやり、夜の時間に啓発事業にあたる月刊誌『発達教育』の原稿依頼をしたり印刷屋さんとやり取りしたり、また研修会を開くための名簿を作ったり、講師とのやり取りをしたり。九時、十時まで仕事をするのが当たり前、アパートに帰ったらもう誰とも口をきく元気がないくらいにヘトヘトな毎日、子どもたちの指導も一生懸命やっているつもりですが、そこは気持ちだけ……指導でも、保護者との関係でもたくさん失敗もしました。自分の無知や未熟さを突きつけられ、先輩方の指導にはとても追いつかず、いつもあせって早く経験を積みたい、学ばなくては、という思いでいっぱいでした。しばらくして、仕事に慣れてきてからも、まだまだ学びの足りないことも多く、働きながら大学院にも通わせてもらいました。

保護者の話に一緒に泣いたり怒ったり、療育の課題や教材を考えたり、講師の依頼をする中で高名な先生方から話をする機会をもらい、先生方の仕事への思いを直に聞くことができたり、職員間で議論をしたり……刺激をたくさんもらい、休まずによく働きました。若かったからできたことですが、今ではそれが私の財産になっていることは間違いないと思えます。

そんな発達協会の中で、職員会議でよく話していたのが「医療機関と連携したいよね、医療機関が作れないかな」ということでした。私も「医者になりたいと思ったこともあったけど、とても能力が無理、看護師ならなれたかもしれないけど、看護師だけじゃ医療機関は作れないですもんね」と笑っていました。しかし、それがついに協力してくれるというお医者さんが現れ、一九九二年に念願だった医療機関「王子クリニック」を作ることができました。院長先生は、私がミノル君と出会った合宿に医療ボランティアとして何回も参加され、そこで療育によって力を伸ばし、発達していく子どもたちの姿を見ていたそうです。そんな中、私たちの「医療機関を作りたい」という思いに賛同し、大きな決断をしてくださったのでした。

当時の医療では、障害のある子どもの命を軽視するような医者の心ない発言を保護者を通じて聞くことも多く、今の世の中だったら医療訴訟だよ、というようなことがまかり通っていました。医者はパターナリズムといわれる、医者が全てのトップであるという意識で教育され、医者が責任もとるが、看護師やリハビリなど他の職種は医者の手足になるべく動けばよい、患者も医師に従うのが当然、という考えが全盛の時代でした。その中で、院長先生たちは医療の世界にも働きかけ、また、私たち専門職の職員の話も聞いてくれ、まさに協働して障害のある子どもたちの医療の世界を変えていくことに大きな役割を果たしてくださったと思います。「素敵な個性的な子どもたちがいてくれるおかげで、私も仕事をさせてもらえる」という院長先生の言葉は、「私が何かを教えてあげている」のではなく、私もここで生かしてもらっているんだな、ということをいつも思い出させてくれます。

充実した暮らしを

子どもたちも暮らしを重ねて大きくなっていきます。大きくなった子どもたちのために、働く場である作業所を作りました。保護者との協働作業のように障害のある子どもたちを育て、成長や発達を喜び合い、社会に怒ったりしながら月日が過ぎ、大人になった人たちのためにやらなければいけないことはまだまだたくさんあります。保護者が元気なうちはまだしも、親に何かがあったら……これはいまだに解決されていない保護者の方たちの思いです。発達協会では二〇〇〇年に青年期部門を「社会福祉法人さざんかの会」として分離し、独立させました。その法人では従来は小規模作業所といわれていた働く場（現在は、B型就労継続支援事業所）を二か所持ち、そして二〇一六年に、ようやく生活の場であるグループホームを開設しました。

福祉とは「ふつうの　くらしの　しあわせ」を目指すのだと読んだことがあります。人それぞれの「普通」の中で暮らせることのありがたさは、自分が年齢を重ね、阪神・淡路大震災や東日本大震災という大きな災害を経験した中で、より重みを持って感じられるようになりました。「障害」というだけで、ただそのことのためになぜ認められないのか、なぜ排除されなければいけないのか、差別されなければいけないのか、そんな怒りがいつも自分のどこかにあるのかもしれません。

グループホームを作ろうとしていた四年前、地元の北区でこの時代にグループホーム建設に真っ向から反対する住民たちとぶつかりました。ウチの隣に建てるなんて認めない、障害のある人は怖い、とはっきり言う人たちもいました。福祉は大事だけど隣に来たら迷惑施設、です。「悪いことをしたわけでもありません、まじめに生きているこの人たちを「障害」がついているだけで、なぜそこまで大声で怖いなどと言えるのか……」地元の意識の低さに情けなくもなりました。悔しいですが、でも、それがまだまだ保護者の方たちが生きている現実なのかとも思わされました。結局、その地はあきらめ、時間をかけて別の場所でグループホームを開設しました。新しいホームで喜んでいる利用者の方も、保護者の方もいます。もしかしたら終の棲家となるかもしれない安心できる場所ができたこと、なにか宿題を一つ果たせたような気持ちにもなりホッとしました。まだまだ十分ではありませんが……。

自分たちにできることは小さいけれども、一歩ずつでも進めていこうというのが昔からの発達協会の思い、これは私の中にも知らず知らずに根付いています。なぜ、こんなに自分がむきになってこの仕事を続けているんだろう、と思うこともあります。でも「どんなに小さいことでも、できることを精一杯にやろう」と思うのです。「私でも必要とされている」そういう場があることに感謝する、この気持ちを忘れてはならないと思います。私自身の小さいころ、育ちの過程を冷静に振り返られるようになる中で、今の世の中だったら「発達障害」といわれていたかも、と思うことがあります。育てられた環境も関係するかもしれませんが、人間関係の中でのさまざまな失敗経験——人の気持ちのわかりにくさや反抗的、挑戦的なところ、思いついたらやらずにいられないところ、集中力のアンバランス、時間の感覚のなさや漢字がなかなか覚えられず、悪筆だったことなどなど……。そんな私がこうした原稿を書く機会をもらえました。

社会を変える、などという大それたことは、一人では到底できないでしょう。でも発達協会という組織で、少しずつこの「障害のある子どもたち、大人の人たち」の世界を変えてきた、という自負もあります。もちろん私一人の力ではなく、私はその中の一員でしかありませんが、でも私も役割を少しは果たせたのではないかなとも思います。

「ミノルにも生まれてきた意味がありました。一松先生をこの世界に引き入れ、活躍させたのですから……」とミノル君のお母さんが手紙に書いてくれたことがありました。お母さんの買いかぶり、でも私にとっては最高の賛辞でした。どの命にも必ず意味がある、と。

私も上智大学のH先生のおかげで発達協会に出会い、ミノル君に出会い、さまざまな出会いのおかげでこの仕事をさせてもらっています。福祉の仕事に就かなければ、こんな人生にはならなかったし、こんな考え方も持てなかったことでしょう。いま、忙しくともヘトヘトになっても、それは一方では充実感も与えてくれます。そんな生活をさせてもらっていることに感謝の気持ちでいっぱいです。

市役所におけるソーシャルワーク
――障害のある人に相談支援をどのように届けるか

和栗　久恵
横浜市健康福祉局障害福祉課
社会福祉職　二〇一〇年卒

市役所のソーシャルワーカー

私は、二〇一二年に横浜市の社会福祉職（ソーシャルワーカー）として入庁しました。最初の三年間を区役所の高齢者支援担当として活動し、その後市役所の障害福祉分野に配属され、今に至っています。

多くの人にとって、市役所は距離のある存在であり、何をしているのかわかりにくい機関だと思います。特に、横浜市のような政令指定都市の場合は、市民サービスの窓口が区役所となるため、より一層市役所との関わりが限られています。そのため、市役所にソーシャルワーカーが配置されていることをご存知ない人も多いことでしょう。

私は、まだソーシャルワーカー歴六年目であり、みなさんの役に立つような立派なことは伝えられません。しかし、未熟ではありますが、障害のある人に相談支援を届けるために、相談支援システムの再構築と充実に向けて取り組んでいます。

社会福祉やソーシャルワークと聞くと、高齢の人の介護に関する相談や経済的に困っている人への支援など個別の支援をイメージする人が多いと思います。私たちソーシャルワーカーは、そのような困りごとを抱えた人に対する個別の支援を通して、生活の安定とその質の向上を図っていくことが第一義的な使命です。しかし、その支援の中で、個別の支援だけでは解決できないような社会的な課題（たとえば、教育や医療等の他機関と連携して対応することができない、そもそも必要なサービスがなく支援することができないなど）に直面することがあります。そのような時に必要となるのが、社会に対する働きかけです。市役所のソーシャルワーカーは、この社会に対する働きかけを主たる業務として担っており、市民が必要としている支援と実際の制度や事業とのズレの解消に向けた取り組みを進めています。それは、とても責任が重く、かつ容易には進展しにくいものですが、その一方で大きなやりがいを感じられるものです。

そこで、ここでは、市役所でのマクロの領域におけるソーシャルワーク実践について紹介させていただきます。みなさんの中にある「市役所って、何だかよくわからない……」という思いが「市役所って、おもしろそう！」という思いに変わるきっかけになると、この上なく嬉しいです。

上智大学で抱いた思いと今

本題に入る前に、自己紹介を兼ねて、まずは私自身の経歴とその中で抱いてきた思い、そしてその思いがどう今につながっているのかについて簡単に紹介させていただきます。

私は、二〇〇六年に上智大学社会福祉学科に入学し、そのまま二〇一〇年に上智大学大学院社会福祉学専攻に進学しました。「社会福祉で大学院？　しかも、大学卒業後すぐに？」と思われた人もいるかもしれません。確かに、そもそも文系で大学院に進学する人は多くないですし、かつ社会福祉の分野で現場実践を経ずに大学院に進学する人は限られています。私も大学二年生のころまでは、障害のある人への個別の支援に携われる機関で働きたいと思い、今のように大学院に進学すること、行政職員になることは、全く想像もしていませんでした。

それなのに、なぜこのような歩みを経てきたのかというと、個別の支援だけでは解決できない社会的な課題があるということを感じ、その改善に向けた働きかけをしたかったからです。

そのような思いを抱いたきっかけは、大学三年生の時の障害児通所施設における社会福祉現場実習でした。そこでの実践は、私が大学卒業後に携わりたいと思っていた支援そのものであり、とても興味深く、支援の奥深さを知る非常に貴重な機会でした。しかし、その一方で、障害のある人とその家族への個別の支援とともに、その環境に対する働きかけの必要性も感じました。

当然のことですが、私たちは地域の中で生活をしています。地域での生活は、家族や友人、近隣住民等とのさまざまな人間関係と多様な社会資源（学校、公園、病院、スーパーマーケット等）によって、成り立っています。日ごろあまり意識することはありませんが、それらが満たされているからこそ、私たちは安心して地域で暮らすことができるのです。しかし、障害のある人やその家族を取り囲む環境は、どうでしょうか。障害のある子どもたちが安心して遊べる場はどのくらいあるでしょうか。また、障害のある人やその家族が気軽に助けを求められる人がどれだけいるでしょうか。

私は、社会福祉現場実習にて障害のある人やその家族の生活を垣間見る中で、その環境に不十分さがあることによって、生きづらさが生じているように感じました。そして、障害のある人とその家族の安心できる地域生活の実現に向けて、個別の支援を軸に、社会を意識した働きかけができるようになりたいと強く思うようになりました。

そこで、そのような実践を行うための基盤となる力の強化を目的に、大学院に進学し、そして幅広い業務を通じて社会的な課題の改善に取り組むことのできる横浜市に入庁しました。

今、私は、障害のある人やその家族の安心できる地域生活の実現に向けて、その要となる「相談支援」の充実に向けた取り組みを進めています。ソーシャルワーク実践は、ミクロ（本人や家族等への個別の支援）、メゾ（地域の支援ネットワークの形成や改善等）、マクロ（制度や事業の運用や調整等）の領域で展開されます。このうち、市役所におけるソーシャルワークは、あらゆる市民が安心して暮らせる社会（地域共生社会）の実現を目指し、マクロの領域にて、既存の制度や仕組みの調整、新たな事業の企画や運用等による環境の整備を図っているのです。大学三年生の時から社会的な課題の改善に向けた働きかけをしたいと思っていた私にとって、その働きかけに直に携わることができる市役所への配属は、機会に恵まれたと感じています。

障害のある人への地域生活支援と相談支援の関係

では、ここから、障害のある人の地域生活における相談支援の必要性と市役所での取り組みについて紹介させていただきます。

そもそもみなさんは、障害のある人の相談支援についてどのように考えますか？　相談支援は、障害のある人の地域生活支援の要であると言われますが、なぜだと思いますか？

相談支援が必要とされた経過は、障害のある人に対する福祉が歩んできた道のりと深く関係しています。今は、「ノーマライゼーション」という言葉が当たり前のように使われていますが、日本でこの理念に基づく取り組みが普及したのはそれ程遠い昔のことではありません。一九九三年の「障害者基本法」、一九九五年の「障害者プラン～ノーマライゼーション7か年戦略～」などの改革が行われる中で、それまでの施設福祉からノーマライゼーションの理念に基づく地域福祉の時代へと変化させてきました。

この「施設福祉から地域福祉」というのは、入所施設で暮らすのではなく、地域で暮らすということです。つまり、障害の有無にかかわらず、また障害の程度にかかわらず、みなさんと同じように、住み慣れた地域で普通の生活を営み、活動することが当たり前の社会を目指して、その地域生活を支援するということです。

では、障害のある人が地域生活を営むうえで必要な支援とは何でしょうか？「衣食住」で考えた時、服を用意し着替えること、食材を購入・調理し食べること、そもそも地域で暮らす場を確保することなどが必要です。それだけではなく、私たちの生活には、教育や就労、医療、余暇なども欠かせません。障害の有無にかかわらず、地域生活を営むには、これらの多様な要素が満たされるように、地域に散在する多くの社会資源をコーディネートすることが必要になります。ただし、その行為は、容易にできる時もあれば、そうでない時もあります。みなさんも「この選択でいいのかな？」という思いや「そもそもどうすればいいのかわからない……」という思いを抱いたことはありますよね。そのような時、多くの人が家族や友人、学校の先生、医師等のさまざまな人に相談したのではないでしょうか。

改めて自分の生活を振り返った時、生活を営むことと相談という行為が密に関わっていることに気づかされます。障害の有無にかかわらず、相談ができる環境があることは、生活を営むうえで非常に重要なことです。その中でも、障害のある人の場合、障害福祉サービス等の利用に係る専門的な相談が必要になったり、相談に加え、具体的な支援が必要になることもあります。そのため、「相談」だけではなく、「相談支援」が求められるのです。

相談支援とは、障害のある人の地域生活を支援するために、そのニーズを受け止め、ご本人を中心として、その意思決定に従う支援を基本に展開されます。その支援は、社会資源に関する情報提供やサービスの利用促進等による個別の支援だけに留まらず、ご本人を支えるチームやネットワークの形成、新たな社会資源の開発等の地域づくりも含まれます。そのような取り組みによって、障害のある人のアドボカシー（権利擁護）とエンパワメント（力の付与）を促し、安心できる地域生活を実現させるのが相談支援の役割であり、まさしくソーシャルワークなのです。

障害のある人に相談支援をどのように届けるか

（1）横浜市の状況と相談支援システムの再構築と充実に向けた取り組み

障害のある人の地域生活にとって、相談支援を受けられる環境が身近に整っていることが不可欠です。そこで、横浜市では、一九六六年から行政職員として社会福祉職（ソーシャルワーカー）を配置し、区役所等で相談支援を実施するとともに、民間事業者によるさまざまな相談支援機関を整備してきました。一見すると、多様な相談支援機関があり、障害のある人の地域生活を支援する体制が整っているかのように思える環境がありました。しかし、障害のある人からは「どこに相談すればいいのかわからない」という声が挙げられていたのです。

障害のある人への相談支援は、子どもから高齢者まで全世代を対象としています。そこで求められる支援は、単に障害福祉サービスにつなぐだけでは解決できない程に複雑多様化しており、一つの相談支援機関だけで対応することが困難な状況にあります。つまり、障害のある人の地域生活を支援するには、多機関の連携による相談支援（個別の支援と地域づくり）が求められるということです。しかし、法律や制度が充足されていく一方で、縦割りの体制による分断された対応が進み、その結果として「どこに相談すればいいのかわからない」という声につながっていました。

そこで、横浜市では、このような状況を改善するために、ソーシャルワーカーが中心となって、相談支援システムの再構築と充実に向けた取り組みを二〇一五年度から始めています。言葉だけを聞くと、なんだか難しそうな印象を受けますが、要するに、相談支援を牽引する中核機関を明確にして、その機関を軸とする相談支援体制と仕組みを整えるということです。多様な相談支援機関がつながり合い、協働して相談支援に取り組めるようになることによって、障害のある人に相談支援を届けられると考えたのです。

(2) 相談支援を牽引する中核機関の確立と相談支援体制の整備

そもそも横浜市には、区役所とともに、社会福祉法人型障害者地域活動ホーム※1と精神障害者生活支援センター※2が各区に整備されており、相談支援の中核機関として機能を発揮することが期待されていました。しかし、度重なる法律や制度の改正等により、多様な相談支援機関が増えていく中で、その役割の整理や位置づけが曖昧になり、十分に機能できずにいたのが実態です。そこで、社会福祉法人型障害者地域活動ホームの相談支援機能を「障害者の日常生活及び社会生活を総合的に支援するための法律」（障害者総合支援法）に基づく「基幹相談支援センター」※3として位置づけることで、地域の総合相談支援機関としての役割を明確にしました。そのうえで、三障害一体（身体・知的・精神障害）の総合相談を担う基幹相談支援センターと区役所、そこに精神障害者生活支援センターを加えた三機関が各区の中核となり、障害のある人の相談支援を牽引していくものとして改めて整理したのです。

しかし、これだけでは相談支援体制は動いていきません。みなさんも想像してみてください。ある日突然、「あなたを含めた三人をリーダーに決めたので、明日からみんなを引っ張ってね」なんて言われたらどうですか。まずリーダーに何が求められているのか、三人でどのように役割を分担するのか、そもそも一緒にリーダーを担う仲間がどんな人なのかなど、色々なことを理解していかないと対応に困ってしまいますよね。相談支援体制も同じです。形を整えるとともに、その形が機能していくように、調整することが欠かせません。

そして、ここからが、市役所のソーシャルワーカーが本領を発揮する部分です。市役所のソーシャルワーカーには、支援の現場等で培った経験や知識、考え方を活かし、また区域のソーシャルワーカー等からの声を集め、制度や事業等がより現場実態に即した形になるように、調整を行うこと（ソーシャルアクション）が一つの役割として求められています。この相談支援体制の整備にあたっても、三機関の代表者（官民のソーシャルワーカー）によるプロジェクト会議を開催し、「横浜市基幹相談支援センター業務連携指針」を策定しました。この指針には、三機関の役割や連携の考え方等を示すとともに、実際の動きにつなげられるように、各区で三機関が集う定例カンファレンスを毎月実施するように定めています。

まだこの体制が稼働してから一年程しか経過していませんが、この三機関の連携は明らかに進展しています。各区における定例カンファレンスは、三機関の顔の見える関係、さらにはお互いの機関の強みと弱みの理解による有機的な連携へと発展させる場として機能しています。また、市役所においても、三機関連携の向上を目指して、「合同連絡会」や「三機関連携モニタリング会議」を開催し、三機関の意識の統一及び連携課題の改善に向けた取り組みを継続しています。

(3) 相談支援体制の発展とその仕組みの整備

このような取り組みによって、三機関の連携体制は整いつつあります。しかし、障害のある人に相談支援を届けるためには、この三機関のみの相談支援体制では対応しきれません。この三機関を軸に、多様な相談支援機関が有機的に連携する相談支援体制へと発展させること、あわせてその仕組みを整えることが必要です。

では、どうすればいいでしょうか。先程の三機関による定例カンファレンスのように、何事も他者が一緒に取り組むには、顔を合わせて話し合うことから始めなければ進みませんよね。そこで横浜市では、「協議会」を活用した取り組みを始めました。この協議会とは、障害のある人の地域生活を支えるために、地域の関係者（相談支援機関、サービス提供事業者、学校、当事者・家族等）が集まり、個別の支援から見えてきた満たされないニーズ（社会的な課題）の改善に向けた協議や対応等をする場（地域づくりに取り組む場）として、障害者総合支援法に規定されているものです。

横浜市においても、従来からこの協議会を区域と市域で実施してきました。そもそも障害のある人に相談支援が届いていないという状況は、社会的な課題の一つであり、協議会で検討及び対応をするべきものです。しかし、横浜市の協議会では、そこまでの水準に達していない状況がありました。そこで、横浜市では、区域の協議会に「相談支援部会」を設置し、その部会に三機関を含めた多様な相談支援機関が集まって、個別の支援状況や支援課題を共有すること、社会的な課題の抽出を図ることなどを求めました。この取り組みを通じて、相談支援機関同士の信頼関係の構築が促され、そこから日常業務での有機的な連携、つまり相談支援体制の発展へとつながることを期待したのです。さらに、区域の協議会のみならず、市域の協議会においても、各区の相談支援体制の状況を把握し、その向上に向けた方策を検討する場とすることで、横浜市全体での取り組みへと進展させていきました。

このように、市役所では、区域と市域の協議会を活用し、互いに連動させることによって、相談支援体制の発展とその仕組みを整えています。なかなか容易には進みませんが、横浜市全体を俯瞰し、現場実態を踏まえ、かつ将来を見据えて、全体が上手く機能していくように調整を行うこと（ソーシャルアクション）が、市役所のソーシャルワーカーには求められているのです。

市役所におけるソーシャルワークの醍醐味

いかがでしたか？　市役所におけるソーシャルワーク実践について、少しでもイメージしていただけたでしょうか？

今回、相談支援システムの再構築と充実に向けた取り組みについて紹介させていただきましたが、記載した内容はその一部にすぎませんし、まだ取り組みを進めている途中です。今後、この相談支援システムが真に稼働していけるかどうかは、そのシステムを活用する人にかかっています。そのため、市役所では、システムを活用できる人材を育成するために、今まさに協議と取り組みを重ねているところです。

何をしているのかわかりにくい市役所ですが、障害のある人をはじめ、あらゆる市民が安心して暮らせる社会（地域共生社会）の実現を目指して、このようなマクロの領域におけるソーシャルワーク実践を進めています。市役所の業務は、社会的な課題の改善に向けて、直に携わることができるため、大きなやりがいを感じられるものです。しかし、それ以上に、市役所におけるソーシャルワークの醍醐味は、市域の多様なソーシャルワーカーと一緒に取り組めることであると感じています。今回の相談支援システムの再構築と充実に向けた取り組みにおいても、官民による多くのソーシャルワーカーの協力があってこそ進められていきます。それは、非常に心強いものであり、そして市役所の立場ではわからない多くの気づきと学びを与えてくれるのです。

ソーシャルワークは、ミクロ、メゾ、マクロの領域で実践されますが、それらが分断せずに有機的に連動していくことによって、誰もが安心して暮らせるよりよい社会（地域共生社会）づくりにつながります。私は、市役所でのソーシャルワーク実践を通じ、各領域を超えて、人と人、機関と機関が連携し、一緒に取り組むことによって、その推進力が何倍に

も大きくなることを実感しました。ぜひ、みなさんにも、ソーシャルワーカーとしてさまざまな経験をして、ソーシャルワークの醍醐味を感じていただきたいです。

【注】

※1　障害者地域活動ホームとは、在宅の障害のある人及びその家族の地域生活を支援するために、横浜市の独自事業として一九八〇年度から設置されてきた施設です。一九九九年度から、事業内容、施設整備、体制を強化した社会福祉法人型障害者地域活動ホームとして各区に整備し、相談支援事業や日中活動事業等を実施するとともに、地域の各種関係機関等との連携を図り、障害のある人等の在宅生活を支えるための拠点施設となっています。

※2　精神障害者生活支援センターとは、各区に一か所設置されている精神障害のある人への相談支援機関です。通所による創作的活動又は生産活動の機会の提供、日常生活の支援及び相談支援、地域交流の促進等を行うことで、精神障害のある人の社会復帰と自立及び社会参加の促進を図るとともに、精神障害に対する理解を促しています。

※3　基幹相談支援センターとは、地域における相談支援の中核的な役割を担う機関として、障害者総合支援法第七七条の二に定められています。

高齢者の在宅サービス分野でのソーシャルワークとは

中川　昌弘
社会福祉法人東京弘済園　地域サービス事業部統括責任者
一九八五年卒

現在私は、三鷹市にある社会福祉法人東京弘済園で、通所介護事業所二か所、居宅介護支援事業所二か所、地域包括支援センター二か所を取りまとめる立場で仕事をしています。

学生時代

私は、一九八一年四月から一九八五年三月の四年間、上智大学の社会福祉学科に在籍していました。高校時代、「人の生活に直接関わる仕事をしてみたい」という漠然とした思いから、社会福祉を学ぶことにしましたが、アルバイトやサークル活動、バイクでのツーリングに夢中になっていた四年間でした。今とは違い、学生時代は時間があったので、友人に誘われていくつかの障害児・者に関するボランティア活動に参加させてもらうなど、面白そうと思ったことに顔を出してもいました。高校時代の教会での日曜学校のリーダーとしての活動、児童養護施設のサマーキャンプや国際障害者年のイベントのお手伝いなどさまざまなことを経験する中で、児童に関する現場に進みたいと考えるようになりました。社会福祉に関する資格制度のなかった当時は、履修科目に関する自由度も高く、教育学科や心理学科の科目も履修していました。社会福祉に隣接する領域として、社会学、教育学、心理学、哲学等々幅広い分野の学びの機会があることが、上智大学の特徴だったように思います。

もう一つの特徴は、何といっても社会福祉現場実習でしょう。当時は必修科目で八五日間の現場実習、水曜日がゼミとスーパービジョン（指導・助言）のための帰校日で、週五日実習先に通っても四か月を要する内容でした。私は、長期療養が必要な学童のため、院内学級のある病院の、心理職と社会福祉のスタッフのいる相談室で実習をしました。八五日間はもちろん、担当していた児童の退院の立ち会いや、行事や学会のお手伝いなどで、結局は一〇〇日以上通いました。

実習中はたとえば、自殺企図を繰り返す少年を探して、夜中に火の見櫓に上ったこともありました。乗り物好きの自閉症児と新宿駅東口のバスターミナルをデパートの食堂から眺め、バスや電車、隅田川の水上バスを乗り継いで、母親の待つ母子寮に送り届けたこともありました。自動車のライトのガラスの模様に拘りを持つ少年と、駐車場で車のライトだけを片端からスケッチしたこともありました。長期療養を要する腎疾患の治療中だった院内学級の少年と、塩分を抜いた味のしない食事をしたこともありました。

実際に当事者と同じように体験し、当事者の感じ方や置かれている状況を共感的に理解することを大切にした実習は、その後の福祉職としての自分にとって、得難い経験となりました。とはいえ、実習は学生としては緊張の連続であり、日々の実習ノートを記録しなければならず、かなりストレスのかかる毎日でした。週一回水曜の帰校日は、大学に戻って仲間と他愛ないやりとりができて、ホッとする大切な日でもありました。クラスでもサークルでも、よい仲間に恵まれた学生時代だったと思います。

卒業後の仲間との再会

そんな仲間とも、卒業後しばらくは、たまに会って酒を酌み交わしながら情報交換していましたが、仕事が忙しくなってきたことや、結婚や子育てなどもあって徐々に疎遠になり、年賀状のやりとりだけという関係になっていました。卒業二五周年の銀祝の際にはソフィア会（同窓会）のご尽力により、多くの仲間と久しぶりに再会できました。女性の多いクラスですが、卒業後二五年というと、子育ても一段落して出かけやすくなっていたこともあったのでしょう。中には、一旦仕事を辞めてはいても、子育てが落ち着き生活に余裕ができて、仕事に復帰した人や、改めて資格を取得した人もいました。銀祝後は年に一回程度の頻度で、同期のメンバーで集まっています。若い方々も、ぜひ銅祝や銀祝には積極的に参加して、旧交を温めることをお勧めします。

就職活動

さて、四年生になり、就職活動として病院の医療ソーシャルワーカーなどいくつかの採用試験を受けましたが、ことごとく採用されず、年が明けても内定が一つもないという状況でした。そんな時、現在も勤務している三鷹市にある高齢者を対象としたデイサービスセンターに、上智大学の先輩がいて、H先生を通じてご紹介を受けました。当時は、現在ほど高齢者介護の問題が目立たず、私自身も高齢者の施設は一度も見たことがありませんでした。採用条件が、三日間の職場実習ということだったので、高齢者のサービス提供現場を一度見てみたいという思いから応募しました。

実は、その職場実習の直前にバイクで転倒して鎖骨を骨折してしまい、腕をつっている状態だったので、実習といっても、見学しているだけというありさまでした。在宅サービスである弘済ケアセンターには、さまざまな年齢、経歴、疾患、状態の利用者がいて、グループで活動しながらも、個々の利用者への個別的な対応に努めていることに魅力を感じました。とはいえ、老人福祉論は履修しておらず、成績も悪く、しかも骨折していて職場実習で何もできなかった自分では、とても採用してもらえないだろうと思っていました。しかしなぜか、採用されました。すでに二月に入っていましたから、卒業ぎりぎりにやっと就職が決まったわけです。

デイサービスでの現場経験

当時は昭和の末期で、介護保険制度は影もなく、一九八〇年代に入ってやっと、ホームヘルプやデイサービスが市区町村の委託事業として始まったばかりでした。三鷹市にある弘済ケアセンターも、デイサービスとしては都内で十数番目にできた施設と聞いています。一九八四年に開設し、その翌年に定員規模を拡大するために、職員を増員することとなり、開設二年目の新しい施設のスタッフとして採用されました。わが国の経済状況にも勢いがあったこともあり、高齢者分野では養老院の流れをくむ養護老人ホーム中心の施策から、重度の介護を要する高齢者のための特別養護老人ホームと、デイサービスやホームヘルプといった在宅サービスを拡充する施策に大きく転換された時代でした。委託事業でしたから、市との契約により、人件費を含む経費は事業規模に応じて公費で賄われており、現在のように利用実績を確保しないと運営が立ち行かないといった心配もありませんでした。また、福祉系のコースを持つ大学が増える時代で、職員の確保にも苦労することはありませんでした。収支に捉われることなく、実践に集中できた良い時代であったともいえます。

一方で、在宅サービスは始まったばかりで、モデルとなるような実践事例も少なく、自分たちで開発・工夫しなければならないという厳しさもありました。当時、最も苦労したのが認知症状を持つ利用者（当時は痴呆性老人といわれていました）への対応でした。弘済ケアセンター開設二年目でしたが、認知症状を持つ利用者には安心感のある落ち着いた環境や、個別対応の可能な職員を配置した専用のプログラムが必要だと気づき、専門病院ですでに始まっていたデイケアに教えを請い、自分たちでも取り組み始めました。活動をビデオ撮影して活動運営を振り返ったり、逐語レベルの記録を取って関わりを検証したり、非常に苦労しました。その苦労の中で、専門医による医療、かかりつけ医による健康管理、介護者家族の支援、他の機関との連携といったことの重要性に気づかされました。

ソーシャルワークやケアマネジメントの視点の重要性を若いころから体験できたことは、専門職としての目標を持つうえで、大変恵まれていたと思います。学生時代に覚えた専門知識が、実践を通じてやっと理解・実感できるようになっていくといった感じでした。

国家資格の取得

自分はソーシャルワークの専門職だという誇りを持ち始めた一方で、一般的には心根の優しい人、ボランタリーな気持ちのある人が福祉事業に携わるとしか理解されない傾向が強く、資格制度の創設には大きな期待を抱いていました。医療や保健分野の専門職との対等な関係を築くためにも、社会福祉分野で繰り返し議論されてきた国家資格制度は、一九八七年に社会福祉士及び介護福祉士法が制定され、一九八九年に第一回の国家試験が実施されました。弘済ケアセンターでの業務には、先述した認知症状を呈する高齢者への対応以外にも、老人保健法に準拠した機能訓練の場面や入浴サービスでの介助業務、食事や排泄の介助など、介護業務全般に携わっていたので、実務経験三年コースで国家試験を受験し、介護福祉士資格を取得しました。社会福祉士については受験資格がなかったので、通信課程で受験資格を取得し、一九九五年にやっと資格を取得しました。

高齢者福祉施策の転換期、在宅介護支援センターの創設に関わって

一九八九年には、高齢者保健福祉推進十か年戦略（ゴールドプラン）が発表されました。今では当たり前のことですが、国が施設サービスと在宅サービスに関して、具体的な数値を挙げて整備目標を示した画期的な出来事でした。翌一九九〇年には、ゴールドプランを達成するための条件整備として、福祉関係八法の改正がなされ、さらには、介護ニーズを持つ高齢者と、整備の進められていた各種サービスを結びつけるための相談・調整機関として、在宅介護支援センターが創設されました。

私の勤めている法人でも、一九九一年に都内で最初の在宅介護支援センターを三鷹市から委託され、その担当となりました。委託事業と措置制度の仕組みはそのままでしたので、サービスの決定については役所を通す必要があり、歯がゆいところもありました。しかし、福祉関係の公的

機関、民生委員やＮＰＯ法人、ボランティア活動の担い手、医師や薬剤師等が一堂に会して、事例検討会を積み重ねました。ケアマネジャーの位置づけがありませんでしたので、サービスの決定やモニタリングには課題がありましたが、対象となる利用者の在宅生活を包括的に評価し、関係者が所属機関の枠組みを超えて協力して支援することを模索する、ケアマネジメントの萌芽の時代だったといえるでしょう。そのころ、東京都社会福祉協議会で、東京都版のデイサービスである高齢者在宅サービスセンターや在宅介護支援センターのマニュアル作りに携わったことも、他法人の仲間の刺激を受け、多くのことを学べた良い経験となりました。ソーシャルワークの実践者として最も充実していた時代だったと思います。

介護保険制度のスタートで高齢者のサービス体系に大きな変化が……

一九九五年の高齢社会対策基本法を受け、一九九七年には介護保険法が制定され、二〇〇〇年四月から施行されることになりました。利用者とサービス事業者が契約によってサービスを利用する新しい仕組みを始めるにあたり、一九九九年には民法の改正により成年後見制度が定められ、二〇〇〇年には社会福祉事業法が社会福祉法に改められました。制度開始当初は、大変な混乱があり、ちょうど介護保険スタートと同時に、管理者に就任したため大変苦労しました。

介護保険以前と比較して大きく変わったのは、原則として利用者全員が保険料を徴収されており、さらにサービスを利用した場合には、経費の一割（現在は所得状況によっては二割の場合もあり）の自己負担が発生するようになったため、介護保険制度前の、公的サービスのお世話になるという感覚から、サービス利用者としての権利意識が明確になったことといえるでしょう。在宅サービスは基本的に、株式会社等の民間事業者も参入できることから、サービス提供事業所数も大幅に増加しました。公費（税金と保険料）を財源とする事業であることから、サービスの運営基準が制度の見直しのたびに厳格化され、契約書、同意書、重要事項説明書による契約手続き、計画書の作成と利用者の同意確認、サービス実施記録、利用料等の請求事務といった膨大な事務処理に忙殺されることになりました。

在宅介護支援センター時代には成し得なかったケアマネジメントの仕組みが、介護支援専門員（ケアマネジャー）による居宅介護支援として位置づけられたことにより、ケアマネジメントが一般化されたことは評価できるでしょう。しかし、モニタリングの頻度や方法、関係者によるカンファレンスの開催が運営基準で規定されており、本来のケアマネジメントとは相容れない部分も徐々に大きくなっています。

利用者や家族への支援の必要性とその根拠、課題解決の方向性、進めるうえでの優先順位など、専門職としての知識と経験に基づく判断だけでは足りず、運営基準に沿っていなければ認めてもらえないということに戸惑いを感じています。本人よりも家族の声が大きい場合など、誰のために、何を根拠として専門職としての業務を進めているのか、正直に言うと不安を感じることもあります。だからこそ、利用者自身の立場に立ち、その自立と自律を目指すために、ソーシャルワーカーとしての使命を強く自覚するよう努めています。

介護保険制度に移行して、事業所として大きく変わったのは、サービス利用実績に応じて介護給付費と利用料を収入として得ることになったため、利用実績と収入額、人件費を中心に必要経費のバランスを常に考える必要があり、管理者には、厳しい経営感覚が求められるようになりました。収入の根拠となる介護報酬単価は国によって定められており、三年ごとの制度見直しのたびに引き下げられていることから、非常に厳しい状況にあります。高齢者人口の増大と生産年齢人口の減少により、財政的に介護保険制度をいかに持続させるかということと、介護現場に携わる人材をいかにして確保するかということが、重大な課題となっています。介護業界の仕事が、若い人から敬遠されがちといわれていますが、理解不足からくる面も多いと思います。決して高給ではありませんが、普通に生活していくための賃金は得られますし、社会福祉法人は、そう簡単には破たんしません。対人援助は、その成果をダイレクトに感じることができ、達成感も大きいものです。さまざまな分野の専門職との出会いもあり、学びを継続することで、自らが成長する機会にも恵まれています。若い方々には、職業を選択する際、ぜひ、先入観を持たずに福祉の現場を見てほしいと思います。利用者の穏やかな表情や、職員の誇りや笑顔に、心動かされる方もきっといると信じています。

施設でのサービス提供から地域を耕す活動への展開

介護保険制度が始まって二〇一七年で一七年目となりましたが、この制度は三年ごとに制度を見直し、保険者である市区町村は介護保険事業計画を策定することになっており、制度開始当初から、徐々に変化してきています。特に大幅な内容の改正があったのは、二〇〇六年で、要支援認定者を中心に、介護予防の考え方が重視されることとなりました。軽度の利用者への予防給付を充実させることで、要介護状態に陥る高齢者数の伸びを抑制しようとしたのです。その際に、介護保険制度の発足とともに、中途半端な位置づけとなっていた従来の在宅介護支援センターを発展させ、地域包括支援センターとして各自治体に設置することとされました。

この地域包括支援センターでは従来からの総合相談・支援業務に加え、予防給付に関する介護予防マネジメント、介護支援専門員を教育・支援する包括的・継続的ケアマネジメント業務、成年後見制度や虐待予防に関する権利擁護業務に取り組むことと規定されています。さらに、その担い手として、主任介護支援専門員、保健師または経験のある看護師に加えて社会福祉士の配置が必須とされました。在宅介護支援センター時代は、社会福祉士等のソーシャルワーカーと規定されていましたので、社会福祉士が必置とされた初めての事業となりました。その後約一〇年が経過し、地域包括支援センターの業務量は全体的に増大していますが、社会福祉士が中心となって担う権利擁護センター等と連携して成年後見制度等を活用する事例、虐待があり保険者（市区町村）と連携して措置的に介入する事例など権利擁護業務の件数も増えてきています。

二〇一五年の制度改正は、要支援認定等の介護度の軽い高齢者に対する生活援助（掃除、買い物、調理等）と通所介護を、予防給付から外し、保険者による介護予防・日常生活支援総合事業に移行させることになりました。簡単に言うと、介護度の軽い方の家事等の生活支援や、集い・交流・運動等は、介護保険のサービスから外し、各市区町村の実態に応じて、独自の受け皿を整備することになりました。そして、それらのサービスの直接的な担い手は、有資格者等の専門職だけではなく、元気な高齢者をはじめとする地域住民に担ってもらう仕組みをつくっていくことになりました。

現在、その移行作業の真っただ中にあり、全国的に試行錯誤を積み重ねています。また、特別養護老人ホームへの入所は、原則として介護度の重い方に限られる流れもあり、医療処置を要する重度の方や看取りの段階の方も、なるべく地域で生活できるよう、在宅医療の拡充や医療と介護の連携強化にも取り組んでいます。これらのことをまとめた、地域包括ケアシステムの構築という言葉を、マスコミ等でも目にする機会があるのではないでしょうか。

制度が変わっていくことでの混乱や苦労も確かにありますが、ソーシャルワーカーとしての機能を求められる場面が増えてきているともいえます。また、職業として社会福祉実践を選ばなかったとしても、私たちはみな、それぞれの生活の場で一人の地域住民であるはずです。行政の作成する広報紙、図書館や地域の公的施設に置かれているポスターやチラシに、ぜひ関心を持ってください。仲間を募る情報やちょっとした支援を求める情報がたくさんあるはずです。地域住民の一人として、無理のない範囲で、地域の活動に参加・協力していただけるとありがたいです。ちょっとやってみようという行動の積み重ねは、地域社会を豊かなものにするだけでなく、参加・協力した方々個々の生活・人生も豊かにしてくれるのではないかと思います。社会福祉を学んだ同窓生には、周囲の人々への関心と、地域社会への参加の気持ちを持ってほしいと思います。

高齢者福祉を担うソーシャルワーカーとして

介護保険制度の施行以降については、やや批判的なことも含め述べてきましたが、高齢者の介護や生活支援は、長短ありながらも介護保険制度によって普遍的な仕組みがつくられたといえます。しかし、その普遍的な仕組みだけでは対応しきれない対象者がなくなることはありません。

認知症高齢者、独居・身寄りのない高齢者、介護者自身が健康・生活課題を抱えている高齢者、経済的に逼迫している高齢者、終末期・看取り段階の高齢者——これらの課題を複合的に抱えている高齢者等に対してソーシャルワーカーの活躍の場は少なくありません。さらには、地域包括ケアシステムの構築や地域における公益的な取り組みについては、コミュニティワーカーの機能も期待されています。

三〇年余り高齢者の在宅サービスの現場に携わってきて、振り返ってみると、状況の変化が激しく、追いついていくのがやっとでした。定年まで残すところ一〇年、福祉事業の運営環境がますます厳しくなり、先行きは不透明ですが、ソーシャルワーカーとしてできること、なすべきことを、これからも考え続けていきたいと思っています。

高齢者虐待を事業で解決するというチャレンジ

川内　潤

NPO法人となりのかいご代表理事
社会福祉法人一廣会　法人広報
ソーシャルワーカー・介護支援専門員　二〇〇三年卒

実家が突然介護の仕事を始める

私が小学三年生だったころ、突然自宅に不思議な電話がかかってきました。「お風呂屋さんかい？　今日は風呂はいらねーよー」と高齢の女性からの電話でした。私は何のことだかわからず、「はい？　あ、はい」と答えながら、それを父に伝えると「それは、誰からの電話だ。ちゃんと聞かなきゃだめだろうが！」と叱られたことを覚えています。私は何も聞かされていませんでしたが、自営業だった私の実家は、自宅で暮らす高齢者の方々に入浴のお手伝いをする「訪問入浴」

というサービスを始めたのでした。自動車整備士だった父、市民病院の看護師だった母、近所のおばちゃんの三人で、自宅の平塚市から真鶴町まで、毎日朝五時過ぎに自宅を出ていく両親の背中を寂しく見ていました。これが私と福祉との出会いでした。

将来の夢を失う

実家が高齢者介護の仕事をやっているのにもかかわらず、私自身は全く興味がなく、親の仕事が忙しいことをいいことに、勉強もせず部活に打ち込み続ける日々を送っていました。高校のころには器械体操に熱中して、学校の部活動に加えて、有名選手も所属する体操クラブにも入っていて、朝から晩まで練習に明け暮れていました。しかし、二年生の秋に跳馬の練習中に手首を痛めてしまい、かなりの激痛でしたが、医者にも行かず、そのまま秋の新人戦に出場しました。大会後、ついに箸が持てなくなり、その姿を見た看護師の母に「あなた、それは絶対おかしいから明日医者に行きなさい！」と言われ、母の知り合いの整形外科のクリニックでレントゲンを撮影しました。レントゲン写真を見た医師が目を見開いて驚きながら「君、手首痛いよね？ これで体操やっていたの？」と言われ「ここ、骨が写ってないでしょ。骨折しているのにそのまま続けて、大事な骨が削れてなくなっているんだよ。とにかく早くここに詰め物をしないと手が変形して壊死するからね」と、信じられないことを言われました。当然のことながら、体操を続けることも難しいと宣告され、さすがに目の前が真っ暗になりました。

車いす生活から福祉を次の夢に

母の元職場でもある地域の大きな病院で精密検査をした結果、腰の骨を手首に移植する手術を受けることになりました。四時間に及ぶ手術は無事に成功し、全身麻酔から覚めると、ケガをした右手首だけでなく、腰から足がしびれて動かない状態でした。そのため、移動は車いすを使うことになりました。母は「右麻痺の人の気持ちがわかってちょうどいいわね」と、当時の私からしたら意味不明な言葉をかけてくれました。その言葉が身に染みるように、車いすの不自由な生活は、本当にたくさんのことを学ばせてくれました。トイレに行くにも、数が少ない車いす用トイレが空くのを待たなければなりません。エレベーターに乗るにも自分が乗るためのスペースがあるエレベーターを待たなければなりません。私が待っていても、エレベーターを降りてくれる人はほとんどいませんでした。そうかと思えば、スロープを上るのに苦しんでいる私を見て、優しく押してくれる通りすがりの方もいました。一七歳だった私は「たかが車いすに座っただけで、こんなに不便なのか？　人に助けてもらえることはこんなにありがたいのか！」と痛切に感じました。この体験から、自分も福祉に関わってみたい！と思うようになり、大学も社会福祉学科だけを受験しました。

大学生活とインターンシップ

強い思いを持って大学に入学し、日々は障害を持った子どもたちと一緒に遊ぶ「わかたけサークル」の活動と、そこから派生して依頼が来る養護学校や作業所などのボランティア活動に明け暮れていました。障害を持った子どもたちのまっすぐでウソのないまなざしに魅了され、楽しいサークル活動に没頭していました。ゼミでは福祉サービスが一般サービス化することに関する研究をしつつ、当時施行直後であった介護保険制度についても学びました。

サークル活動は後輩が引継ぎ、就職活動も終わり、あとは実習のみとなった四年生の時、大学生活最後の一年を、これまで以上に充実したものとするため、企業でのインターンシップをすることにしました。さまざまなインターン先の中から、南青山にあるＩＴベンチャーで介護事業を立ち上げるインターンを選びました。事業の内容は、民間の老人ホーム紹介事業で、老人ホームを選ぶ方には無料で相談に乗り、老人ホーム側から紹介手数料を徴収するというビジネスモデルでした。この事業を学生インターン生だけで立ち上げるという、なんとも無謀な企画に私は心が熱くなり、毎日朝から晩までインターン生として仕事をするようになりました。

新たに立ち上げたこの事業に、自分の持てる力の全てをつぎ込んでチャレンジしていると、なんとか収益を生むようになり、事業として形になりつつありました。事業がうまくいけばいくほど「自分はインターンシップを終えて、この事業を辞めて、普通に就職していいのか。協力してくださった多くの方々にウソをついたことにならないか」と悩みました。その結果、自分が作り上げた事業が何よりも大切だと考え、内定していた会社への入社をお断りし、インターン先にそのまま新卒として就職することを決断しました。インターン生から正式に入社して即、シニアマーケティング事業部の事業部長として働くことになりました。その後、マスコミからも注目されたこともあり、だんだんと事業が拡大していきました。

仕事の目標を見失う

事業が拡大しマスコミから注目されると、どこからともなく「今の収入で満足していますか。ウチの会社で働きませんか」とお声かけいただくようになりました。その中には、戦略系のコンサルティング会社もあり、就職活動でも介護系の民間会社しか受けてこなかった自分からすると、とても煌びやかに思え、「介護の世界以外も見てみたい」と思ってしまい、外資系コンサルティング会社に転職することにしました。結果が求められる世界で、毎日膨大な量の業務が降ってきて、一〇時〜二七時まで働き続け、毎日タクシーで帰宅する生活をしていました。

当時携わっていた仕事の一つに、大きな会社で業績の悪くなった会社を立て直す、という仕事をしていました。会社を立て直す、というと聞こえがいいかもしれませんが、実際に行っているのは余剰人員の削減、つまり「リストラ（人員整理）」をしていました。一人ひとり面談をして、どんな事情があろうとも、ひたすらに解雇を告げていくのです。「子どもがもうすぐ受験で……」「母に介護が必要な状況で……」などと切実に訴えられても、意に介さず解雇の日付を告げていきました。

毎日忙しく長時間労働をしている中で、自分が完全に空っぽになってしまいました。「自分は何のために仕事をしているのだろう。自分が非情に解雇を告げてきたことで、ドン底の生活に追い込まれ、生活保護を受けたり、離婚・自殺をしたりしてしまった人たちもいたかもしれない。そもそも自分は何がしたかったのか。自分は人を支援する仕事をしたかったのに、これでは真逆ではないか。やっぱり福祉の仕事がしたい！」と思い至り、コンサル会社を辞め、介護の事業をやっている実家の父に頭を下げ、介護職として仕事をすることになりました。

介護職として働き、虐待と出会う

私が始めた介護の仕事は、看護師を含んだ三人一組のチームで、自宅で暮らす高齢者や障害者の方の入浴のお手伝いをする、訪問入浴の仕事でした。ベッドのすぐ横に、寝たまま入浴できる特殊浴槽を広げて、そこにお湯を張って入浴をしていただくのですが、寝たきりで硬い表情だった方も、お風呂に入っているうちににっこり笑顔になって、唄い始める方もいらっしゃいました。夏はメガネの下に汗がたまるほどに汗をかき、冬は手のあかぎれに苦しんでいましたが、とても感動的でドラマティックな仕事でした。

介護職員として仕事を始める前から、実家の母の様子の異変に気づきました。東京で忙しく働いていた時、何か用事があって実家に帰ると、異様なほどに痩せた母がいました。働きながら息子三人を育て上げた迫力ある母で、当時は訪問入浴の現場に出ながら、ケアマネジャーの仕事をしていました。その母の様子がおかしいと思い、父に聞いてみると「酒をたくさん飲んで止められないんだ」と言われ、母がアルコール依存症にかかっていることを知りました。それでも忙しく働いていた私は、母の病について頭の片隅には残っていましたが、相変わらず仕事に明け暮れる日々を続けていました。そしてあることがきっかけで、父から母に対する暴言・暴力にまで至っていることを知りました。その後母は隔離病棟に入院することになってしまいました。

介護職として訪問入浴の仕事をしていると、家族から暴言・暴力を受けている寝たきりの高齢者の方に出会うことが、しばしばありました。ある時は、訪問したその場で暴力をふるわれている場面に出くわすこともあり、間に入り止めに入ったこともありました。この時「大切にしたいと想う家族に暴力・暴言を向けてしまうという事態は、自分の家だけでなく、あちこちの家で起きてしまっている。もともと憎くてやっているのではなく、大切に想うからこそ、暴言・暴力が止められなくなってしまっている」という現実があることを知りました。

高齢者虐待防止の活動を始める

このようにして、介護が必要な家族に対する暴言・暴力、いわゆる高齢者虐待というものに出会いました。まずはこの問題を深く知るために、虐待防止をミッションとした市民団体「となりのかいご」を立ち上げ、「介護殺人を食い止める一言を考える会」というイベントを開催しました。内容としては、一〇年以上奥様を介護している方、虐待対応を懸命に行ってきた元地域包括支援センター職員の方、虐待など地域の困りごとに積極的に介入してきた老人ホームの施設長さんにお集まりいただき、どうしたら虐待を防ぐことができるのかを討論し合いました。そして、その内容をまとめた冊子「介護で家族を憎まないために」をネット上で販売・発信しました。虐待というものは、加害者だけに責任があるのではなく、介護を家族内で抱え込んでしまう状況が出来上がってしまう、社会の仕組みそのものを変えていかなければならない、ということに気づくことができました。

社会福祉法人との出会い

虐待を防ぐ仕組み作りのための糸口をつかむために、もっと広い視野で地域の相談援助を行っている、川崎にある社会福祉法人に転職することにしました。真面目に本流の福祉的理念を大切にしつつ、やわらかい頭の持ち主である施設長の魅力もあって、自宅から少し距離はあるものの、この法人で働こうと思いました。そこでまず行ったのは、昭和の民家を活用した認知症デイサービス「桃の木停かたひら」の立ち上げでした。施設的な外観のデイサービスには馴染むことができない、自身の認知症という病気を受け止め切れていない高齢者の方を対象として始めたデイサービスです。ここでは、他のデイサービスでは怒って途中で帰っていた方も、笑顔でゆったり過ごしている場になっていました。とても感動的なエピソードとしては、他のデイサービスでは一対一で職員をつけていないと、塀を乗り越えて自宅に帰ろうとしていた方が、利用日でもないのに自分で歩いて、桃の木停に来て「コーヒーくれないか？」と言って、いつもの四畳半で昼寝を始めたことでした。認知症の方の訴えを「問題行動」として捉え、「バスはまだですよ」「ここの玄関は空きませんよ」と対応し続けることだけが、私たち専門職の手段ではないんだ、と感じることができた瞬間でした。

現在は法人本部の法人広報の仕事をしており、ホームページや季刊誌を通して、地域や社会全体への情報発信を担う仕事をしています。地域の方にとって、福祉をより身近に感じていただくため、また福祉や介護の仕事の魅力を知ってもらうための情報発信を行っています。時に、マスコミの方々の取材依頼を受けて、制度変更によって社会福祉の現場で起きている現実をお伝えすることもあります。法人広報という役割の職員を置いている社会福祉法人はあまりありませんが、情報発信も福祉の大切な役割の一つとなるよう、広報という立場からさまざまなチャレンジをしています。

エリートサラリーマンに介護の情報発信

ある大手の広告代理店の会社が、社会貢献活動の一環として非営利事業者向けの広報セミナーを開催していました。私は法人広報として、そのセミナーに参加させていただき、最先端の民間企業が行っている洗練された広報手法について学ばせていただきました。セミナーの後は、講師の方々との懇親会が開催され、女性の講師の方が私に話しかけてくださいました。「川内さんは、介護の仕事やっているんですよね？　実は、私の叔母が認知症で訳のわからないことを言っていて、いろいろ苦労しているんですよ」と相談を持ちかけてくださいました。そこで、少しお酒が入った勢いもあって、認知症による症状とそのケアについて熱く語りました。一通り話し終えると「あなたの話、面白い！　うちの会社で一回話をしてもらえない？」と言っていただきました。

その方が、会社の中でも超エリートで、とても偉い方だったというのは後から知りました。後日、その会社で私なりに認知症という病気の解説と認知症となってしまった家族との付き合い方について一時間ほどのセミナーをさせていただきました。その時受けた質問が「介護保険は会社に申請するんでしたっけ」「母の介護は、これからどうしたらいいのでしょうか」といったもので、私は愕然としました。超大手の会社に努めている優秀なビジネスマン・ビジネスウーマンの方でも、家族の介護のこととなると、知識が少なく、感情的にも受け止め切れていない、という状況でした。優秀な方々なら、素早く情報収集をしてある程度お金を使いながら、上手く切り抜けているのだろうと思っていましたが、実際は全く逆でした。もし、このまま知識や心構えがないままに、突然訪れる家族の介護に向かっていけば、会社を辞めて家族介護を一人で抱え込んで、虐待に至ってしまう人も少なくないのではないかと考えました。

虐待防止のための継続性のある事業の立ち上げ

そこで、虐待防止をミッションとした「となりのかいご」として、企業に勤務しているビジネスマン・ビジネスウーマン向けの介護セミナーに取り組むことにしました。最初は、安い場所を借りてセミナーを自主開催したり、企業に頼み込み、昼休みの会議室を借りて、無料でセミナーをしたりしていました。介護保険などの制度施策を中心に話をしていたころは、なかなか満足度が上がらず「自分には向いていないのでは」と思ったこともありました。そこで、広告会社のエリートビジネスウーマンの方に「あなたの話は面白い！」と言ってもらえたような、認知症の方との関わり方や、家族としての心構えに内容をシフトしたところ、セミナーアンケートの反響が非常に良くなり、口コミで参加者が集まり、立ち見が出るほどまでに人気のセミナーとなりました。話をする私のほうが圧倒されるぐらい、参加者の方の目線が真剣で熱いものになっていったのが本当に嬉しかったです。

今では、セミナーだけでなく、社内の家族介護体験者によるパネルディスカッション、介護の悩みを打ち明け合う介護カフェ、会社の会議室を一日借りての介護個別相談会、介護のことを話し合う家族会議への参加等、色々なサービスに発展しています。ご依頼をいただく企業のお名前を聞くと、緊張で頭が真っ白になります。どんな大きな会社であっても、等身大の自分のままに話をするように、平常心でいられるように努力しています。

福祉・介護の分野でチャレンジする楽しさ

ここまで読んでいただければわかる通り、私は決して器用にクレバーに生きることができない人間です。今の形になるまで、かなり遠回りしているように思われるかもしれませんが、私自身の実感としては、最短距離で走ってきたように感じています。今までの全ての経験が、何一つ無駄にならず、仕事に大きな追い風を吹かせてくれています。大切なのは、今自分に課されている課題を、たとえくだらないと思えることでも、全力で取り組むことだと思っています。そこから新しい価値を見出そうとする姿勢を持ち続けることが大切なのだと思います。

福祉や介護は給与が安く、キケン・キツイ・キタナイ仕事だと思われているかもしれません。でも、それは表面的な理解でしかなく、もっと深堀りしてしつこく関わると、まだまだ新しいことを生み出すことができる未発達の分野で、関わり方次第で、やりがいを持ってワクワクできる仕事となります。これから関わろうとする若者たちには、用意された枠組みの中での仕事に全力で取り組み、そこで、自ら感じたことを大切に磨き続け、新しい枠組みを作っていくことにチャレンジしてもらいたいと思っています。私も少しでも見本となれるよう、日々精進してまいりますので、ともに頑張っていきましょう！

「調整役」という社会福祉士の役割を通して

立川　利行
水戸市東部高齢者支援センター
社会福祉職　二〇〇八年卒

なぜ福祉の道を選んだか

私が福祉の道に進んだきっかけは二つあります。一つは小学生のころ、祖父が脳梗塞で入院しケアしてくれた看護師さんの姿を見て、漠然と人の役に立てる仕事をしたいと思ったこと。もう一つは、私が育ったのは田畑広がる田舎で、つながりが強くみんなが顔見知りで、怒られたり、褒められたり、みんなで地域の子どもたちを育てているような地域でした。そのように幼い時期を見守ってくれていた地域の方々に、何か恩返しがしたいと思ったことです。

大学での学び

早い段階で福祉系の進路を考えていた私は、現役時代に福祉系の公立大学を受験しましたが、不合格となり一浪することとなりました。浪人している間、地元の社会福祉協議会にボランティアを申し込み、訪問介護やデイサービス、地域の老人会、知的障害者の作業所などに参加させてもらいさまざまな体験をしました。そこで、福祉だけ学んでいては、多様な価値観や生活をしてきた人たちを支援することはできない、自分自身が多くの経験や体験を通して他者の持つさまざまな価値観、生活を受け入れることができるようになる必要があるのではないかと思うようになりました。そういった思いを抱えながら、夏が過ぎたころ自分はどうなりたいかを改めて考え、さまざまな分野の学びを通して、それを福祉に活かしていきたいとの結論に達しました。それから社会福祉学科のある大学を調べ直し、多彩な学部があり、国際色豊かな上智大学で福祉を学びたいと思うようになりました。

実際に入学することができ、さまざまな講義やサークル活動を通して、入学前の想像以上に他学部、他学科、多国籍の学生たちと交流できました。この時期にさまざまな考え、価値観に触れたことは福祉を学ぶうえでとても貴重だったと感じています。現在、福祉の仕事で多様なことを受け入れることができている基盤は、確かに大学生活の中で育まれたと思います。また、先生方の教えも単なる勉強ではなく、学ぶとは何かを教えてくださいました。ある先生に「全ての理論は疑え。そしてとことん調べて考えろ。納得いくまでやって初めて自分のものになる」と言われました。今でも自分の知らないことがあると「何で？」という疑問から始めて、できる限り調べて考える癖は抜けていません。実はこの癖が、仕事でも社会においてもとても役に立っています。

特別養護老人ホームの生活相談員として

大学卒業後、現在勤務する社会福祉法人に介護職として入り現場で働いたのち、三年目に生活相談員となりました。介護職を経験したことは、その後の仕事にかけがえのないものになっています。介護現場では食事・入浴・トイレ等の身辺介助、ベッドメイク、記録、感染症対策等を経験し、三交代での勤務の実務的な大変さを実感しました。利用者の急変、突発的な事故等への対応には常に大きな不安がありますが、それを肌で感じました。また、相談員の職に就く前に上司の勧めで、リーダー論や経営論、施設運営論についての本を読み、現場の業務の改善や事務職への要望等、介護の方法や施設の態勢、職場の環境にも目を向けられるようになりました。

特別養護老人ホームの生活相談員は、「施設入居や利用の窓口、入居者や家族（以下、入居者等）

の相談役、入居契約、施設外機関（病院、行政、居宅介護支援事業所等）との連絡調整、地域との連絡調整等、周囲と連携する時に核になる人」としての業務が中心となります。

しかし、実際に経験した立場からいうと、もう一つ重要な役割が相談員にはあります。それは「自組織内の調整」です。外にばかり目を向けがちですが、実は自分の組織内の調整をうまく行い、各々の立場にある職員、関係者たちが、それぞれの専門性や役割を十分に発揮できるよう調整することによって、施設の利用者、入居者等の方々の利益につなげていくことができるのだと思います。

そのような経験を踏まえ、相談員としての思い出深いエピソードの一つを紹介したいと思います。入居者の「看取り（死期まで見守ること）」の時期に調整役として介入したものです。

「看取り」間近の事例を通して

私の勤務している特別養護老人ホームは看取りに力を入れており、現在では入居者の九割近くを施設で看取っています。しかし、まだ看取りの態勢が完全ではないころにあった話です。

看取り期に入った八〇代の女性、仮にAさんとします。二、三年ほど前までは日中車いすで生活できる程度の状態でしたが、毎年、夏から秋にかけて体調を崩し、その度に状態が低下してきているという状況で、当時Aさんは寝たきりとなり、食事、入浴、排泄、移動など全ての動作に介助が必要になっていました。もちろん、精一杯の介護をしていましたが、今年の冬は越せないかもしれないと職員や家族が思っていた時に、Aさんの担当職員から「Aさんを自宅に連れて帰り、家で家族と過ごす時間をつくってあげたい」との申し出がありました。背景には「Aさんが本当に家族を大事にしており、自分よりもまず家族、と考えていた人だったこと、そんなAさんを家族も大切に想い面会なども定期的に来てくれていたこと、何よりも自宅の居間で、家族みんなで食事をすることがAさんと家族はとても好きだったこと」がありました。

状況的には本当にぎりぎりの時期だったと思います。体力もかなり低下しており、ベッドを離れリクライニング型の車いすに座っているのも四、五分が限度でした。本来であれば、誰に聞いても「もう無理する必要はない」と反対される状況です。ただ、職員の提案が単なる思いつきの提案ではないことは容易に想像できたので、可能性を模索しました。

まずは、施設長に相談し、Aさんを自宅に連れて帰ることについての調整の全権をもらいました。当日までの流れ、誰に何を頼むのか、当日のシフト、配車、自宅での生活に係る必要物品の調整等、Aさんの帰宅に関わる全ての権限を、相談員の私に委譲してもらい、実際に動き出しました。

次に、施設の看護師とケアマネジャーに、Aさんに自宅で過ごしてもらう時間をつくりたいと伝えました。看護師やケアマネジャーからは「本当にぎりぎりだけど、今しかないだろうから協力する」と了承を得ました。看取り期にあるので、医療的リスクを最小限に抑えるため看護師の協力は必須です。ケアマネジャーが理解してくれたので、外出という目標に向けて、施設内でのケアやそれに関わることの調整をスムーズに進めてもらえました。

施設長、看護師、ケアマネジャーの了解を得たのち、家族に対して今までのAさんの生活歴や、Aさんが大事にしてきたことなどを確認し、自宅で一緒に過ごしてみてはどうかと提案しました。初めは「自信がない」と言っていましたが、「自分たちでもできるなら」と前向きに検討してもらえるようになりました。家族の介護力はほとんどない状態でしたので、「何もできない」から「これならできる」状態にその介護力をもっていく必要がありました。

ケアマネジャーと現場の職員の協力を得て、家族を巻き込んだケアプランを作成し、また家族に実際に介助している場面を見てもらい、介助のコツを伝え、職員と一緒もしくは職員が見ている中で家族に介助をしてもらいました。面会の頻度も増え、その都度少しずつですが介助の方法を伝えながら一か月ほど経った時に、家族から「これならできるかもしれない」と言ってもらうことができました。

続いて、自宅への外出中の万が一に備えて嘱託医の協力を得ることにしました。医師にAさんの状況報告をし、不測の事態の際の指示を仰げるよう施設の看護師から医療面のリスクも説明してもらい、私とケアマネジャーからは介助面の説明をしました。そして医師にも協力してもらえることになったので、あとは家族と職員のメンタル面の支援です。

メンタル面の支援ですが、家族に対してはAさんを迎えることの不安を取り除くことが最優先です。それは、自宅で万が一のことがあった時の対応を説明することにつきます。どういう状態の時に施設へ連絡するのか、どういう時には様子を見ておけばよいのかなど、医師と一緒に文章にして家族へ手渡しました。また、家族から連絡があった時にすぐに対応できるよう、当日はAさんの担当職員を外出の時間に合わせて一人多く配置するよう配慮しました。事務方の職員にも協力を仰ぎ、私が一日フリーで動けるよう調整もしました。これは職員のメンタル面の支援でもあり、いつもより手厚く職員を配置しておくことで、何かあった時に慌てることなく対応できるようにすることも考慮しています。

ここまで調整し、いよいよAさんが自宅へ外出する日が近づいてきたころ、家族から「ここまでいろいろとしてもらえて自信がつきました。おばあちゃんのためにもお泊りさせたい」と嬉しい申し出がありました。それを踏まえて、職員の配置も夕方から翌昼まで一人増員して配置し、当直に私が入るよう調整し直しました。

また、外出から外泊に変更になったので、ケアマネジャー経由で福祉用具業者に頼んで、自費ではありましたがベッドも急ぎ手配して搬入しました。ちなみに、職員を多く配置する時や当直の配置を変える時には施設長や事務局の許可が必要ですが、人員配置基準や施設の運営に関することを理解していれば、スムーズに無理のない調整ができるものと思います。

こうして、Aさんは外泊日を迎え、実際に一泊して翌日昼に施設へ戻ってきました。施設内外の多くの方々の協力を得ながら外泊につなげられたことを感謝しつつ、そういった支援ができたことは、自分の自信にもつながる経験となりました。また、社会福祉士としての基礎があり相談員の業務を行っていたからこそ、できたことがたくさんあった、と改めて感じる瞬間でもありました。その後Aさんの状態は持ち直し、今まで以上の家族の協力もあって施設で二年間生活したのちに看取りを行いました。

生活相談員と社会福祉士

先の事例で見られるように、相談員の役割を一言で表すとしたら、私個人は「コーディネーターである」と答えます。コーディネーターはよく「調整役」とか「まとめ役」と言われます。そのためには、「現在の立ち位置の理解」と「将来への展望」が重要であり、さまざまな視点から物事を捉えること、それらを平均以上に理解し調整する能力が必要です。この、さまざまな視点から物事を捉える、そして平均以上に理解し、調整することができるのが社会福祉士です。

在宅生活をしている方や地域が対象になれば、社会福祉士の役割はますます重要視されていくと思います。介護や福祉の枠にとどまらず、医療や保健、そして一般的な制度への理解も必要になり、活躍の幅がとても広くなります。現在私は、施設ケアマネジャーを経て、地域包括支援センター（委託）で勤務し三年経ちますが、社会福祉士への期待度の高まりや配置における重要性が増してきているのを実感しているところです。

地域包括支援センターにおける社会福祉分野

地域包括支援センターは、地域における在宅介護の相談等の最初の窓口ですが、メインの仕事として「権利擁護」があります。権利擁護とは、平たくいうと、高齢者が地域で安心して尊厳ある暮らしができるようにするために、高齢者が持つ権利が侵害されないようにすることです。具体的には消費者トラブルへの対応、虐待への対応、成年後見制度の利用促進です。情報の周知や注意喚起、講座を開催するなどして知識を深めてもらい、これらの認知度を上げるとともに、実際にそういった事例（ほとんどが困難事例になってきます）があった場合には、中心になって支援を行うことが役割となっています。

また、地域包括支援センターで扱う事例は、その当事者のみで課題が解決するものばかりではなく、その家族も問題を抱えるような多問題の状態であったり、地域が崩壊してしまっている状態であったりすることも多くあるので、センターの配置基準である主任介護支援専門員、保健師と協力しながら問題解決に日々取り組んでいます。

そして、自分や自センターが適切な支援を行えるよう関係機関と連絡を取り合い、スムーズな連携に向けての準備も重要な社会福祉士の役割です。関係機関とのパイプ役になるこの仕事は、学生時代に学ぶ「社会福祉士の姿」に一番近いものかもしれません。関係機関の幅はとても広く、地域住民から市役所、国、医療福祉の専門職、それ以外の専門職など「活用できる資源」は全て連携の対象となります。

こうした関係づくりによって社会福祉士の存在の認知度が上がり、事例に対する支援を協力し

て行っていく中で社会福祉士の役割に対する期待値が上がっていきます。専門外のことでも理解・対応して解決へのアプローチを探る、適切な支援機関につなぐなど、当然のように社会福祉士には求められるようになってきています。

ここまで、どちらかというと前向きなことやこれから期待される専門職であることを述べてきました。しかし、施設の生活相談員をしていた時ばかりでなく、地域包括支援センターの職においても、自分の支援の方法が間違っていた、知識が不足していた、技術が未熟だったために適切な支援を行うことができなかったと悔やむことがあります。利用者や支援の対象者に対して不利益を与えてしまう場合もあり、自身の支援方法一つでその方の人生を左右してしまうぐらいの影響を与えてしまう立場でもあると、怖れたり悔しい思いをしたりしたことも多々ありました。特に高齢者福祉分野では、人の「死」という結果をもってそれがより一層重くのしかかってくることもあります。さまざまなことに介入することは、そのような「怖さ」もあわせ持っていることをぜひ知っておいてほしいと思います。だからこそ、自分が成長しなければならない専門職でもあるのです。

「福祉だけ人間」にならないように……

これからはますます社会福祉士の活躍の場は広がっていくと思います。そして知識があるだけでなく、それらを実践の場で適切に利用する技術が求められるようになってきているので、社会福祉士の専門性の質も今後大きく問われていくようになると思います。大学で社会福祉を学ぶ意義を考えると、それは多様な視点の獲得、多分野にわたる知識を得られることだと思います。全く違う分野の授業を受講したり他学部の学生と触れ合ったりする中で、さまざまな考え方などにより多く接する機会が用意されているのは大学ならではのことです。振り返るとこれが大事な経験だったと思います。それを実践で使える形にするには現場実習や事例検討を数多くこなして経験を積むことです。

ただし、大学で社会福祉を学んでも「福祉だけ人間」にならないでください。社会福祉士という専門職において福祉的観点から物事を捉えることは非常に重要ですが、それだけでは適切な支援はできません。「福祉の常識は世間の非常識」と言われていた時代がありましたが、福祉だけの視点しかないと何が大切か、なぜ「福祉が必要なのか」が、見えなくなります。さまざまなことに興味を持ち、多角的に物事を見られるようになってください。

そのためにも、常に「なぜ」という視点を持ち続けてください。ある一つの物事に対して、繰り返し「なぜ」と問いかけてください。今ある状況が「全てではない」のです。そこに至る経緯も大事です。違う角度から見るのも大事です。今ある状況は「たまたま見えている氷山の一角」に過ぎないので、その物事の本質を常に問うことを忘れないでほしいと思います。

社会福祉という分野は社会に存在するもの全てがその対象となります。本当にたくさんの人や出来事に出会うことができます。怖さもあわせ持っていますが、知らない分野、場面に直面した時はむしろチャンスだと思ってください。「こんな方法があったのか」、「これはこういうことだったのか」と思うことが何度も出てきます。社会福祉士は多くの人や出来事との出会いを通して、自分自身が成長できる専門職だと思います。

社会福祉学科から精神病院へ、そして地域へ

天野　聖子

社会福祉法人多摩棕櫚亭協会　元理事長
一九七三年卒

キャンパスで

私が上智大学社会福祉学科に入学したのは一九六八年、その年に大学のロックアウトがあり、一九七三年卒業時は学費値上げ反対闘争、社会的にもベトナム戦争反対から始まる若者の怒りや

社会変革願望が大きくうねりを上げていた時です。

社会的弱者のために働きたいという希望で入学してきた私たちは、勉強する前にほかの先輩たちから、社会的背景をしっかり考えろ、突き詰めろと言われ続けました。キャンパスに政治的な用語が飛び交って、見知らぬ人にも議論を吹っかけられ、ずっと喋っている人たちがそこかしこにいる横に、デモ隊がシュプレヒコールを挙げている、そんな環境の中で格差や、弱者を作り上げているこの国のあり方について学ぶことを強いられました。

ソーシャルワーカーの存在そのものが問われていた時でもあり、ミッション系の女子高を卒業した女子学生で、社会も政治も何も知らなかった私もそうした環境の中でいろんなことを身につけていった気がします。基本的な社会福祉士としての知識を蓄えなかったし、先生と話したり、何かを教わったりしたという記憶はまったくありませんが、志を同じくする社会福祉学科の友人と出会ったことは、その後の私の人生に大きな影響を与えています。私自身は、その後出てきた精神保健福祉士資格制度にも反発していたので、福祉の中でもかなりマイナーな路線を歩んできたのかもしれませんが、そのころ、社会福祉学科を卒業した人たちは現場の福祉の矛盾や制度の課題、大きくいえばこの国の福祉制度そのものへの違和感、不信感を持ちながら、それぞれの現場で必死に働いていた気がします。

恩知らずな（?）世代ですが、ひとつありがたかったのは、担当教授が進路の決まらない私たちに精神科での社会福祉現場実習を勧めてくれたことです。そのころは精神の現場も時代の波を受けて精神病院の収容所性に抗うべく、運動をしている人たちが出てきていました。荒川保健所という当時珍しかった保健所デイケアを担当していた保健婦（現・保健師）さんと、その地域で家族会を指導しながら独特の治療をしていた小坂英世医師に出会って、私の価値観は大きく変わりました。荒川の狭苦しい路地を自転車で一軒一軒訪問していた保健婦さんのように精神障害者の人たちの置かれた状況を変えたい、それを仕事にできるならやりたいと強く思ったのです。

精神病院放浪時代

そんな動機で精神病院のワーカーになりましたが、現実は大変なものでした。やっと身につけた価値観はことごとく無視され、教えてくれる先輩もいない。それ以前の病院の悲惨さや処遇への怒りばかりが膨らみ、解決不能な課題の数々に押しつぶされる日々が続きます。それほど一九七〇年代の精神病院は悲惨だったのです。

社会正義に燃えていても、現場状況を少しも変えられない、患者さんを幸せにできない、そんな無力感が続いて、時にうつになって休職することもありました。病院の意向に沿わない発言を繰り返してクビになったりしたこともあります。現実の精神病院の重たさ、病気の難しさ、変革の難しさ、自らの未熟さと孤立感……そんな変数をいくつも掛け合わせながら、必死だったけれど案外辛い三〇代でした。

それでも何回も精神病院に再就職したのは、病気の人たちとの関わりの中でなぜか解放される自分がいたのです。院内のデイルームで患者さんたちと話していると、不思議な温かさに包まれるのですが、病気によって疎外された人たちの屈折した思いも、同病者同士の空間では安心してどこかで独特の穏やかさに反転する。競争やねたみや猜疑心から解き放たれた人の見せるやさしさに自分自身の痛みも薄らいでゆく。こんな私でもここなら生きられる、この人たちのためにできることがあるのならもう一度働こう……、何度も自分に言い聞かせて精神病院に行ったのです。

最後に勤めた、規模も中身も平均的な精神病院では、仕事もベテランの領域に入り、気分的には安定したのですが、やはり途中で葛藤が増えていきます。日本の精神病院は九〇％が民間病院で経営を一義的に考えるため、社会復帰を目的とするワーカーの価値観とはどうしても相容れないものがあるのです。しかも長期入院の挙句やっと退院したばかりの方々の再入院率は異常に高く、病院内の処遇改善だけでは解決しないのではないかという大きな疑問符が膨らみ始めました。

そのころ、患者さんと新しくできた共同作業所に見学に行く機会がありました。共同作業所は軽作業に携わりながら、職員や同じ病気の人たちと一緒に日中の時間を過ごす地域に作られた場所ですが、一九八一年には東京都が運営費補助を開始していました。長く続いた国の入院中心政策も人権意識の高まりとともに、やっと少しずつ変わってきたのです。それにしても見学して驚いたのは、そこにいる人たちの表情が実に生き生きしていることでした。長く閉じ込められて生気を失い表情をなくした顔を見慣れていた私にとっては、これは大きな衝撃でした。同じ病気の人たちがこんなに元気に暮らせるのはやはり生活の場なんだ、そうか、地域に居場所を作れば彼らは再発しないで生きられる、心からそう思いました。

その話を同業者である友人たちに話したところ、精神病院の限界はみんなが感じていたのですっかり意気投合し、あっという間に作業所を作ろうという話になりました。東京都が作業所に補助金を出すようになっていたので、うまくいけば生活のめども立つかもしれない、思いきって病院をやめ、そのころ母子家庭だった私と友人たちは生活と理念を一致させようという強い意気込みで活動し始めました。

地域へ

一九八七年、三八歳。精神障害者のための共同作業所棕櫚亭《しゅろってい》を設立しました。みんなで食べたり喋ったりして暮らしてゆくという安心安全な場では、予想通りメンバーの方の再発はほとんどありませんでした。その勢いで三つの作業所を作った後、今度は「福祉の枠内ではなく社会で働きたい」というメンバーの強い希望がでてきました。しかし、社会で働くとなるとほかのスキルも身につけなくてはなりません。気力、集中力、体力やコミュニケーション能力も問われます。それなら今までの作業所と同じ枠組みではなく、就職のためのトレーニングに特化した場所を作ろうと決意しました。そのためには、社会福祉法人の認可を受ける必要がありましたが、あらゆる収入確保の道を探り、国や都の補助金も受け、多額の借金もしながら、通所授産施設（現在は就労移行支援事業所）を設立しました。

その後はいかに彼らが社会で働けるか、ストレスに弱い人たちが安定して働くには何が必要かと試行錯誤を続けました。その後成立した障害者自立支援法は、それまでの事業を全面的に組み替えるという大きな価値観の転換でした。戸惑いながら、福祉でも経営する主体、選ばれる組織を作ろうとこの大波を越えてみれば、今度は社会福祉法の改正という法改正に遭遇します。それらの大波小波を乗り越えながら、今は就業・生活支援センターや地域活動支援センターなどの国事業も受託、運営しています。

運営面では、二〇一六年現在予算規模は当初の作業所時代の一〇倍くらいになり、職員は三五名、利用者は毎日一〇〇名から二〇〇名、登録者はその三倍になり、少しずつ大きい組織になってきました。当初は二代にわたって精神科医が理事長でしたが、障害者自立支援法を控えた二〇〇五年から私が理事長に就任して、現在に至りました。自分たちの経営なのでクビになることもなく、方針を確認して予算や人件費率を検討するなど経営的視点と精神障害者の幸せ実現という理念を重ねて答えを出していけるというのは、案外心躍る作業です。やれたことは大きくないけれど、自分の思いや信念に沿った活動ができたことはとても幸運でした。

私が私であるために

振り返れば大学卒業から四五年間、挫折して休職したこともありましたが、随分長くこの仕事に携わってきました。精神障害者の幸せ実現という重たい課題を背負ってきたのは、誰かのためというよりも自分のためだったのかもしれません。ある時までは普通に暮らしていたのに、突然周囲が変わってゆく感覚に襲われるのは大なり小なり誰にもあることだと思いますが、私の場合は自分の中にある不適応を意識したころに病気の人たちと出会ったことで、それは他人事ではなくなったのかもしれません。しかも、その人たちの置かれた当時の状況があまりにも悲惨だったこと、それでも戦えなかったこと、その悔しさが尾を引いて、私の歩みを止めなかったのかもしれません。時間はかかりましたがそれをばねに、社会資

源を作ってゆくという具体的な形になってきた時の喜びはひとしおです。

そんなふうに考えれば、福祉は面白いとか楽しいとかいうより、自分の器を変えてゆく、生き方を作ってゆく最高の手段という気がします。特に精神障害者の生活・就労支援というのは、常識＝非常識というグレーゾーンを行き来する仕事でもあり、今までの生き方や価値観を捉え直しながら支援に変えるという難しさも抱えています。多くの自殺を目撃し自分の位置や姿勢を問われ続けた時もありますが、大変な辛さを抱えた人たちとの関わりの中で信用される主体になるのは簡単なことではありません。

それでも、本当の言葉で話さないとちゃんと向き合えないということを多くの当事者に出会い教わりながら、自分を変えるための試行錯誤を繰り返してきました。多様な価値観を身につけ、同時にさまざまな本も読み、先人の知恵に学び、歴史を学びながら、自分の中でそれらを消化し、身体に入れてゆくことは時にきつい作業であるのも事実です。でもその粘り強いプロセスが時には微妙な蜜の味がすることもあります。自分も変わり相手も変わるというその流れの延長で、もしかしたら社会も変わるかもしれないという思いを抱き続けられるのが福祉という仕事の醍醐味かもしれません。

精神疾患にかかった人が引け目を感じることなく、ひとりの市民として生活できるように

川口　真知子

公益財団法人井之頭病院
ソーシャルワーカー　一九八八年卒

誰もがかかり得る精神疾患

幼少期から始まり、進学、就職、結婚、子育て、転職、失職、身体的な衰えや病気、大切な人との離別、災害や事件等々、ライフステージにおいて経験した色々なエピソードをきっかけに、あるいは思い当たるようなきっかけが全くなくても、人は精神疾患にかかることがあります。うつ病や統合失調症、躁うつ病、アルコール依存症、認知症など、精神疾患で医療機関を受診する人は増えており、国が重点的に対策を講じる疾病にも精神疾患が加わりました。精神疾患が

原因で休職した人の復職支援や、精神障害で障害者手帳を取得した人の就労支援を行うところも増えています。また、日中通って簡単な作業をしたり、自宅を訪問して家事を手伝ってもらったりするような障害福祉サービスを利用する人もたくさんいます。

どんな病気も早期発見、早期治療が大切ですから、精神疾患についても気軽に相談や受診ができ、生活に有益な福祉的なサービスも活用できるとよいのですが、そう単純にはいきません。精神疾患や精神障害に否定的なイメージがあると、受診や活用に抵抗を覚え、皮肉なことに利用することで自己評価が下がってしまうことがあります。そのような気持ちにならずにすむように、否定的なイメージを払拭したいと思っています。

また、精神疾患には経過の長いものが多いので、長期にわたり通院している人も多く、時に調子を崩して入院することもあります。病気を持ったことによる苦労を抱えながら、日々生きている人たちを応援し、孤立しないようにするための人的社会資源になれたらいいなと思っています。

精神科病院について

精神科だけ、または精神科と神経科や心療内科を標榜する病院を精神科病院と呼んでいます。さまざまな精神疾患を治療する専門医療機関で、相談を担当するソーシャルワーカーが配置されていることが多いです。

外来では、通院医療だけでなくデイケア等のリハビリテーションや訪問看護が行われることがあります。入院する場合は、本人の同意に基づくのが原則ですが、そうでないこともあります。たとえば、精神疾患の症状のために医療と保護が必要となっているけれども、本人が症状を自覚できず入院に同意できない時や、精神疾患の症状で自分自身を傷つけたり他人に害を及ぼしたりする恐れがある時です。非自発的な入院は本人にとっては不当な人権侵害となりますから、法律に定められた要件があり、人権尊重に配慮しなくてはなりません。入院での治療が終われば外来通院に切り替わり、ひとりの市民として地域で暮らし、希望する社会参加ができるよう後押しをします。

かつて、精神科病院は長期に療養するところでした。治療技術や保健福祉サービスが乏しく、偏見が強かった時代は、入院するとそのまま何十年も入院生活を送る人々がたくさんいました。時代は変わり、長期に入院している人は減ってきています。

精神科病院のソーシャルワーカー

精神科病院でソーシャルワーカーは、受診を迷っている人や通院している人、入院している人、その家族や関係者の相談に応じ、生活していくうえでの環境調整を行います。一緒に考えるだけで、その人が自分で答えを出せることもよくあります。また、生活保護やグループホームなどの制度を利用するお手伝いをしたりもします。一緒に自宅の掃除をしたり、買い物に出かけたりすることもあります。特に、入院では、病気の症状と家族や近隣住民、職場などとの関係が絡まって、さまざまな問題が表面化していることがあります。退院することに自信をなくしたり、住まいを失ってしまったりする人もいるので、入院中に課題を整理し、解決を図っていきます。

私は、ソーシャルワーカーの「ソーシャル」が重要だと感じています。目の前の人の相談を受け、関わり、環境に働きかけることを通して、大げさかもしれませんが、ひいては社会を変えていく活動をする人だと思うのです。ですから、ソーシャルワーカーを名乗るには、そのような実践ができているかどうか、自分自身の姿勢が問われているような気がします。もちろん、できていると胸を張って言えるわけではありませんが、指針として心の中にあることによって、時に応じて軌道修正ができる気がします。

相手との関係づくりの過程が相談支援でもある

相談では、通常は他人に話さないようなプライバシーが話題になるので、話していただけるような関係をつくらなくてはなりませんが、コミュニケーションが一筋縄ではいかないこともあります。

話し出すと止まらなかったり、黙ったまま言葉を発してもらえなかったりすることもあれば、考えがまとまらず混乱したり、すぐ疲れてしまったり、否定的な思考が抜けなかったりする人もいます。その人の病名や病状を知ることは、理解の助けにはなりますが、当然ながら人はそれぞれ異なります。来たくて来たわけではない人もいるので、何も困っていないし相談などないと言われることもあります。言葉で言っている内容とは別のところに、本当に困っていることがある場合もあります。同じ人でも、治療の進行とともに別人のように柔和な表情に変わっていく人もいます。

また、家族の相談を受ける時は、家族ゆえの距離の近さと責任の重さから、さまざまな困難を経験し、さまざまな反応が生じていることにも留意します。自分の生活を犠牲にした生活を続けて、疲弊したり否定的な感情を溜めていたり、中には暴力を受けたり、反対に虐待する側になっていたりすることもあります。それまでの相談の経験から、専門職への不信を持っている場合もあります。

これまで全く知らなかった人との間で、関わりながらその人とのコミュニケーションのとり方を探り、何についてどんなことを感じているのかがわかるようになってきて、相談支援のプロセスが進んでいくのです。ソーシャルワーカーには、守秘義務、受容、非審判的態度、自己決定の原則といった職業倫理がありますが、どれも簡単ではありません。無意識にしている判断や対応の奥に、内なる偏見が隠れていることがあり、指導を受け、気づいて改めることで身についていきます。

社会福祉学科の学生だったころ

さて、上智大学の社会福祉学科の学生だった時、私は、ノーマライゼーションというけれど、そもそもなぜ人は人を排除するのだろう、どういう人は社会から排除されてしまうのだろうと考えて、精神疾患と精神科病院に関心を持ちました。つまり二〇歳の私は、「精神疾患を持った人は社会から排除される」という偏見を知らず知らずのうちに持っていたことになります。

また、同じころ、村上春樹の小説『ノルウェイの森』がベストセラーになっていて、友人に薦められて私も読みました。作品の中には、社会ではうまく生きられない繊細な人たちが過ごす療養所が出てくる場面がありました。そのほか、偶然観たテレビドラマが拘置所で死刑囚が陥る心理状態と多彩な精神症状を描いていて、原作が精神科医でもある加賀乙彦の作品『宣告』であることを知り、これも読みました。それらを読んで、人はなぜ精神疾患にかかるのだろう、どんな病気なのだろうと関心を持ちました。

大学の教室で学んだことといえば、ゼミで、ヘレン・パールマンという研究者の著書『ソーシャル・ケースワーク―問題解決の過程―』を読んだことが思い出されます。ソーシャルワークはプロセスだということだけは、ずっと残っています。

精神科病院での実習

昭和六一年、三年生のゼミで、ある精神科病院を見学しました。重い鉄の扉と鍵、鉄格子で閉ざされた病棟で、漠然と抱いていた精神科病院のイメージと同じでした。違ったのは、入院している人々は、ホールで座ってお茶を飲んでいたり、煙草を吸っていたりして、みな静かだったことです。

当時は八五日間の現場実習が必修だったので、翌年、私は実習に行きました。社会福祉士の国家資格が成立していましたが、養成カリキュラムが整う前でした。このころは、宇都宮病院事件という、精神科病院での看護人による入院者への暴行死亡事件が起き、それが発端となって日本の精神科医療に対する国際的な批判が強まった時期です。精神科病院は、密室で人権侵害が行われる恐れのある場所なのかと驚きました。この時、自らの意志で入院する任意入院制度が初めてできたというのも、日本の精神科医療の遅れを示していると思いました。

実習では、入院している人や通院している人と話をしたり、書き溜めているノートを見せてもらったり、調理実習や卓球、オセロをしたり、散歩に出かけたりして過ごしました。もう少し通えば卒業できるのに学業を断念する人に出会い、これから入院するという人の手首の内側から前腕一帯にかけて、たくさんの盛り上がった横線の傷跡が刻まれているのに圧倒されました。そばにいたソーシャルワーカーは、それぞれ多くを語らず、ただ隣に寄り添っていました。

新人ソーシャルワーカーとして精神科病院に就職

私が精神科病院に就職したのは、病院が収容型から「社会復帰の促進」に方向転換した時期です。同じころに、若いソーシャルワーカーが何人も入りました。病院には、大体三か月で退院していく人が多数いた反面、何年も入院している人がいました。私が生まれる前から入院している人もいました。

また、昭和四〇年にソーシャルワーカー第一号として就職した先輩がいて、この人によって七〇〇人を超える全入院者のケースワーク記録が作成されていました。ひとりのソーシャルワーカーが全員に関わることなど到底できないでしょうが、相談があればすぐに応じられるようにしたいという強い意志を感じました。

大学で福祉を学んだというだけで、資格もない、若いソーシャルワーカーたちが精神科病院に入った影響は、一言でいえば、新しい風が入ったことだったと思います。決して歓迎されるばかりではなかったし、退院や退院後の生活に関わるような相談支援は少なかったです。同居する家族がいる人たちの多くは、症状が安定すると短期間で退院していきました。私たちがしていたことといえば、長く入院している人の話を聴く、一緒にレクに参加する、現金が自己管理できるよう、病棟外の散歩ができるよう、あるいは家族が面会に来てくれるよう働きかける、入院費が払えない人に生活保護や障害年金その他の社会制度の利用を提案する、自宅がゴミ屋敷状態になっている人と一緒に掃除に行く、家族向けのグループを立ち上げる、この人は退院できないのかと医師や看護師に質問するなどです。

何かできることはないかと模索する姿勢が、今までと同じではない方向へと、少しずつ病院の空気を変えることにつながったのではないかと思います。

知らないうちに自分が「古い体質」になっていた

五年、一〇年と経つ間に、建物には鉄格子がなくなり、建て替えられ、病院は徐々に「病院らしく」なっていきました。医師、看護師、作業療法士、薬剤師、ソーシャルワーカーが、チームを組んで退院支援を行うスタイルも定着しつつありました。精神障害を理解して対応ができるグループホームやサロン的な居場所、福祉的な就労の場、家事援助のサービスなど、地域で利用できる資源も以前より増えてきました。平成一〇年には精神保健福祉士の国家資格ができ、私も第一回目の試験を受けました。とりわけ長期に入院している人の退院に向けた支援においては、ソーシャルワーカーが必要とされる場面は格段に増え、やりがいも手ごたえも感じていました。

そのような時、平成一五年に精神科病院からの退院促進をする国の事業が始まりました。病院の努力だけでは退院が進まないので、外部から支援者が病院の中に入り、長期に入院している人と一緒に外出したりしながら、その人のペースに添って退院後の生活のイメージづくりをし、退院できるよう支援する事業です。ちなみにこの事業は、大和川病院という病院で入院者への人権侵害が起きていたことへの反省が契機となって、大阪で平成一二年に始まったものが原型となっています。

私が勤める病院にも、地域で暮らす人の相談にのっている民間事業所のソーシャルワーカーたちがやって来ました。この時私は、退院支援は自分たちがここまでしてきたんだという気持ちがあり、もう退院できる人は残っていないと彼らに言いました。当時は、一年以上入院している人が入院者の半分以上を占めているような状態だったのに、外部の力を借りる必要はないと抵抗したのです。

精神科病院の空気が変わることを願って就職しておきながら、外部からの変化の波に対し、自分自身が変化を拒む抵抗勢力になろうとしていました。もちろん、退院できる人たちはまだまだいましたし、地域の支援者に依頼して一緒に退院を支援するスタイルは、今では定着しています。

最近感じること

私が精神科病院に就職して、三〇年近くが経とうとしています。普段は意識していないので、改めて振り返ると、一体何をしてきたのかと愕然としてしまいます。

それでも、確実に風通しは良くなってきたのではないかと思います。最近は、地域包括支援センターや居宅介護支援事業所といった高齢者に関わる支援者の人たちから、相談や連絡が入ることが増えました。在宅で十分な医療や福祉的な支援を受けずに生活している精神疾患が疑われる人を発見し、どのようにアプローチをすればよいかわからず、ヒントがほしいと言って連絡をくれるのです。近所の民生委員をしている人から、この人が近ごろこんな様子だからこういう対応をしておいたと教えてもらったりもします。昨今は多職種連携や地域包括ケアがはやりで、会議に行くと、おたくの病院のこんなところが利用しにくいとか、このように見られているとか、結構はっきりと言ってもらえます。精神科医療や精神障害者福祉に携わっている支援者ではない人たちとつながりができるのは、精神科病院のハードルが下がったような気がして嬉しくなります。

一方、精神科病院においては、人権を尊重した適正な医療が提供され、丁寧な相談支援が行われ、そして地域に戻って安心して暮らせる居場所や自己実現の機会が保障されることが重要ですが、長期入院の問題は今も解決はされていません。どの人にも人生の物語があり、解決方法は一つではありませんし、解決策が見つかるとは限りません。おそらく、精神科入院医療のあり方に関する制度政策は未だ構造的な改革の途上にあり、これから先も変わっていくでしょう。その変化の途上に身を置いて、自分にできることを探していくよりほかにありません。

若い世代のみなさんへ

人工知能（ＡＩ）の研究者の発表によれば、コンピュータに替わられて近い将来なくなる職業がある一方で、ソーシャルワーカーは残る職業にランキングされているそうです。地味な割に難しく、案外将来性のある職業といえるでしょう。

どの職業もそうかもしれませんが、進むきっかけはさほど立派なものである必要はなく、大事なのは歩んでいくプロセスだと思います。最初からソーシャルワーカーである人などおらず、ソーシャルワーカーであるかどうかはその姿勢によるのだと思います。そのためには、自分の感覚を過信せず、どこかで疑うことも必要です。自分自身の風通しをよくして、自分の立ち位置を正しく理解することが、マンネリを防ぎ新たな課題を発見できる鍵です。ゴールのないプロセスでもあります。

課題があることがおもしろいし、うまくいかなくて葛藤があるところにソーシャルワーカーの存在意義がある、そんなふうに思えれば、魅力的な職業に見えてきませんか。

四谷からバンクーバー
——カナダ未成年精神保健までの歩みから

亀井　祥子

カナダ・ブリティッシュコロンビア州未成年精神保健部
心理臨床士　一九八五年卒

みなさん、こんにちは。大学卒業後の寄り道、道草、回り道……。太平洋の反対側、しかも心理のほうへずれた私の歩みですが、福祉分野と重なる部分、福祉の関係者との関わりも多く、みなさんのお役に立つものがあれば……と願いながら、振り返ってみます。

寄り道、道草、迷い道

四　谷

思えばはるか昔、畑と団地の広がる郊外から私鉄と国鉄（今はＪＲ）を乗り継いで通った上智大学でした。そのころ、学科には社会福祉での将来を目指す方と、社会福祉にはあまり関心がないけれど、という方がいた印象です。私は中間の学生で、人の心の動きや人間関係、それと社会のあり方との関係に興味があったものの、福祉のどんな職業に就こうという明確な目標はありませんでした。それでも確実にやってくる四年生での社会福祉現場実習。曖昧な気持ちのまま、大きな病院の精神科に受け入れていただきましたが、自分の人生についても迷いだらけの私が人の人生のお手伝いができるのか、という疑問が強まるばかり。周囲は、福祉関係、一般企業と、それぞれ就職活動をして成果を上げている中、妥協するかのように教育関連の出版の仕事に就きました。

就職しても行き詰まり感は解消せず、しばらくして逃げるよう退職してアメリカに留学しました。さらに紆余曲折を重ねるうちに、アメリカの大学院で心理療法の勉強をする機会に出会いました。心理療法のセラピスト育成に特化した心理系学科でしたが、社会福祉学科で受講した心理学のクラスの単位も認められ、すんなり入学できました。

アメリカ

アメリカでの生活で、日本で「先進国では」「アメリカでは」とお手本のように教わっていたことが、実はほんの一部だったり、理想通りにはなっていないことに気がつきました。たとえば、八〇年代の北米では、精神障害の患者さんへの医療・支援の脱施設化ということで、多くの人々が病院・施設を出て、地域での生活に移っていました。上智大学では、それが先進的で人間的で素晴らしいことと習ったのですが、実は、裏に財政上のメリットという狙いのあることや、地域に出された患者さんの中には、外来診療や訪問援助では生活が支えられず、ホームレス生活や悲惨な死を迎えている人も多いことを知りました。

反対に、日本では当たり前だったり、悪習と言われていたものの中にも、人間の営みにとって大切な意味があることを知りました。たとえば、学校荒廃の対策として、日本の学校での制服や班を通じての学習や活動を、学び取り入れた学校が成果を上げていました。また、喪失にまつわる日本の行事の意味も見直しました。北米では、亡くなった方のご遺体が自宅に帰ることはなく、葬儀のあとに、伝統などで決まった行事を持つ人は多くありません。死に関する習慣がさっぱりしていて、故人の人生や死をめぐる心情を持った人たちが集まる機会に欠くその穴を、心理の専門家が埋めることを期待されているようでした。日本の法事の話をすると、盛んに感心する教授や同級生。形骸化しているとはいえ、故人の親しい人たちが集まる日本の行事には価値があるのだと気づきました。

こうしたことから、自分の身についていた日本的なものを改めて尊重するようになりました。また「よく言われていること」について疑問を持ったり、物事のいろんな角度、特に裏側というか横からというか、見えない部分にアンテナを張ってみる天邪鬼的な姿勢に、堂々とするようになりました。

バンクーバー

結婚、出産を挟んで五年かけて大学院を卒業し、子育てをしながら、お母さんたちが集まる場所で、コミュニケーションや家族関係の講座などを開いたり、立ち寄られる方々の相談をしていました。その後、カナダに引っ越し職探しを始めました。

移民の多くが経験することですが、職探しは難航。やっと採用されたのは、どちらかというと専門性の低いもの。それでも、援助職の一歩を踏み出すには、えり好みしている場合ではありません。州政府の子ども保護部署との契約で、ソーシャルワーカーから委託された家族の援助をする仕事です。政府機関の子ども保護のソーシャルワーカーは、私が学科で学んだソーシャルワークに近いクライアントさんへの直接援助の仕事がしにくくなっています。直接援助の仕事が、民間機関に委託されるのです。

生活保護申請のお手伝い、体罰を使わないしつけの指導、その他の援助サービスへの連携、子ども保護上の見張り的なことも期待され、町中を駆け回る活動的な仕事でした。多重の困難を抱えたご家族の生活に直接触れるという貴重な体験となりました。と同時に、心理療法の仕事が最終目標との思いは変わらず、そのような仕事への転職への努力も続けていました。

ほどなく民間の非営利団体でセラピストとして採用されました。前記と同じ子ども保護ソーシャルワーカー依頼のご家族に、カウンセリング・心理療法を行う仕事でした。虐待などの理由で親子分離を迫られている家族や、すでに分離されたお子さんや親御さんが担当です。公的機関からの委託業務を行う立場には、委託する側の事情に左右される不安定さがあります。そのこともあって、主体的な心理的治療の専門機関への転職を目指して応募して採用されたのが今の職場です。

オフィスの窓から

私のオフィスの西側に大きな窓があり、時々夕日を見ながら、日本では同じ太陽が朝日なのだなぁと、お互いの姿は見えなくても、同じ太陽に同時に照らされて頑張っておられる日本のみなさんに、カナダの現場から思いをはせます。

メンタルヘルスの仕事

今の職場での仕事は、お子さんに何らかの心の問題が出ているご家庭・ご本人への援助です。「心の問題」と曖昧に書いたのは、精神保健とは科学的・医学的な面から割り切れるものではないからです。一応精神科の診断がつく問題がある未成年が対象ですが、何が障害やら疾病で、何が大変な経験に対しての正常な心の反応である痛みや疲弊や歪みなのか、いつまでも論議されるところです。また、治療も「症状」「苦痛」「問題行動」などの軽減を目指すことになっていますが、その裏にあるものを見ると、症状も問題も、人間として当然であり自然である理由があることが少なくありません。私は、これまでの生活の中でできた歪みや傷による反応の必要がなくなり、その人の心本来のあり方、育ち方が発揮されるのをお手伝いすることなのでは、と思っています。

いわゆる心理療法（家族療法、遊技療法、芸術療法、グループ療法）以外に、お子さんへの環境への働きかけも大きな部分を占め、そこにソーシャルワーク的考え方や技法が活用されます。お子さんの様子に困って「専門機関で何とかしてくれ」と訴えてこられる教育者や養育者の方々に対して、安心と理解に満ちた日常の環境づくりが土台なのだと、ご理解いただくことに心を砕きます。そして、お子さんの心を癒し育てる（時には鍛える）接し方をともに考えることや、養育者ご自身の心の傷やあり方の癖、歪み、あるいはお子さんの問題に長い間付き合ってきたための病弊を癒すことも、「治療」の一環と考えます（ご両親以外の人に育てられているお子さんもいるので、養育者と書いています）。

カナダの社会

カナダの社会の層には、複雑なものが重なっています。先住民の方々は、生粋のカナダ人ともいえるのに、植民地時代から長い間、社会の本流からさまざまな虐待・迫害を受けており、共同体としても個人としてもずたずたにされ、その傷の深刻さに社会全体での取り組みが求められています。都会では人口の半分前後がカナダ国外の生まれで、人種も習慣も宗教もさまざまです。職員でもカナダに四代以上住んでいるという人は少ないです。しかも、母国での困難から逃れてきた人たちの子孫が多いのです。また国土の大部分が厳しい自然にさらされ、開拓の歴史も新しいゆえのたくましさや大らかさ（大雑把さ?）を感じます。広すぎる国で、都会と田舎の差も大きいです。

その中で、普遍的な人間性が環境や歴史の中でどんな考え方や行動として表出するのかを見つめ、表面では違って見えるものの中に人間として普遍的なものを見出そうとする眼差しを持つようになりました。たとえば、「娘には、将来、いい嫁として夫とその家族に気に入られるように、優れた家事能力を身につけさせなければ」というお母さんは、周囲から封建的な困った親だと見られていました。確かに、表面の主張は、現代カナダの価値観とは違って見えます。でも、自分がこれまで生きてきて身につけた経験と知恵に基づいて、娘の将来を案じ、その幸福のために力を尽くそうという思いは、娘に学歴を付けて成功させようとか、好きな道を見つけて頑張ってほしい、と願う親御さんと同じです。

海を越える援助職仲間

インターネットで、メンタルヘルスや福祉に触れた日本のサイトを拝見することも増えました。日本発のカナダやアメリカの情報も多いですが、現場の実感や生活者の感覚とはずいぶん違うなぁとか、カナダのほんの一部のことなのになぁと思うことが多くあります。思えば、私も日本に住んでいたころは、メディアや教育などから受ける外国のイメージを信じていました。当時は海外との直接の接触を持って発信できるのは一部の識者で、一般の人は、その言うことをそのまま受け入れるしかありませんでした。欧米では、崇高な考えを持った専門家や社会があり、日本にはない優れたものが普及しているという印象が付きまとっていたと思います。今は、現地で生活している人の体験をリアルタイムに、インターネットなどで触れることができますが、それでも、メディアや研究者の発表などにある、統計・制度などの文献研究や視察旅行の報告などから受ける印象と、現場や生活の実感とのずれを感じます。

現地の専門家や研究者も、日本からのお客様、あるいは、日本からのご招待ということで、ちょっとよそ行きになる傾向や、公式の見解しかお伝えできない事情もあるでしょう。日本の専門家や研究者と関わりを持つ立場の人には、平均的な現場の職員やサービスの利用者・生活者の感覚が伝わり切っていない面もあるのかもしれません。

でも「欧米」のどの地域でも、支援者も生活者も、同じ人間。人間として組織として社会としての限界にぶつかりながら、より良いものを求めて歩んでいます。なかでも、福祉関係の施策や業務は、失敗や苦悩や悲劇を通して、どんくさく生々しい闘いを続けながら、揺れ動きながら、これでいいのか、あいつらわかってない、あれは失敗だったのか、思いがけないところに盲点があった、予算削られた、などと議論や奮闘を続けながらのものです。

高い費用をかけての視察や研究、留学、また、海外からの講師を招いての講習。新しいヒントを得ると同時に、援助職として、社会や自分たちの黒い部分に悩み、小さな進歩や成長に喜びを感じながら、より良いものを目指して奮闘している仲間の息遣いを、双方が感じられるような交流になってほしい、お互いが元気づけられるような出会いになってほしいと、視察や情報収集のお手伝いをする時にいつも心を砕きます。また、日本で行われている素晴らしい努力や活動についても誇りをもって紹介していただきたいです。

手法や概念の流行・普及の背景

精神保健の分野で、アメリカの医療産業、心理産業の背景を理解せずに、アメリカの研究でエビデンスベイスト（evidence-based　科学的根拠に基づく）だからと無防備に受け入れられている様子に、ごまめの歯ぎしりをしたくなる時があります。アメリカでは、資本主義と実験科学への信仰が強く、医療、心理、福祉の分野もその影響下にあります。エビデンスを実験科学的に出しやすい技法、医療・心理産業の経済性に見合う理論や技法だけが脚光を浴びる傾向があります。研究費用や発表の場を獲得するのに有利な団体の手法が「強者生存」の法則で、どんどん日の目を見ることになります。診断基準として日本にも入りつつある、『精神障害の診断と統計マニュアル』（*Diagnostic and Statistical Manual of Mental Disorders*）にも、残念ながら、このような事情の影響があるのを否めません。

人間相手の研究では、その手法に「向いてない」人を参加させることは、倫理上できません。初めから「向いている」とされる方たちが参加すれば、当然効果ありの結果になります。効果なし、逆効果だったという結果が出た研究が日の目を見る機会は少なく、成功の「証明」らしきものだけが表に出ます。結果の精密な測定のため、手法に変更を加えることが許されず、そのためクライアントさんの現状が優先されないこともあります。クライアントさんの改善の理由が、手法の有効性によるものかという分析も困難です。たとえば、「研究に参加している」という気持ちそのものが、改善に役立ったのかもしれません。

導入を前提にした手法の研究を吟味する時には、背景にある社会事情や研究方法の限界も考慮したいものです。

クライアントさんと地域の魂

メンタルヘルスや心理の概念が普及していない地域や文化の方々に、メンタルヘルスとは?　こういった症状は◯◯障害で◯◯療法のスキルを伝えなくてはと、使命感を持っている業界の空気もありますが、私はもやもやしています。

「魂が私を離れていきました」と泣くこともできない少女は、閉じ込められた深い悲しみに向き合い、そこに身を沈めて泣きつくす過程を通して、「魂が戻ってきました」と言いました。診断には鬱と書かれますが、このような病名としての捉え方は、少女の心が育った世界とはかけ離れたものでしょう。また、ある地域出身の女性は、「私の地域は悲惨な歴史が続いています。みんな悲しく落ち込んでいるのが当たり前でしょう。どうして、カナダの人たちはメンタルヘルスとか言って治そうとするの?　治さなきゃいけないものなの?」と困惑と悲しみを浮かべた瞳で語ってくれました。

困難に陥った人の回復に、霊的な捉え方や聖職者の存在が意味を持つこともあります。ところが、「昨日も亡くなったおばあちゃんがベッドの横に来たので、話を聞いてもらいました」「マリア様の姿が見えて、温かく包んでもらい、元気が出ました」こんなことを口にしたクライアントさんには、「幻覚が出たのか？　とりあえず、精神科医に診てもらいましょう」ともなりかねないのです。

また、先住民への対応には、その文化に根差した方法が効果を上げています。たとえば、先住民の若者の自殺率は非常に高いのですが、地域の民族性、自治性の高い地域に住んでいたり、伝統の行事に参加し、自分たちのあり方に誇りや永続性、先祖や土地とのつながりを体験した若者の間では、低くなっているのです。

こんな経験を通じて、実感するのは、心や人間関係の土着性です。心や人間関係、それに絡む地域のあり方は、表面は二十一世紀風でも、芯のところでは保守的、土着性の強いものです。私は「人々の魂に根付くもの」と解釈しています。思えば、Psychiatry（精神医学）, Psychology（心理学）のPsyche の部分はギリシャ語で「魂」を指しているんですね。

外からの新しい理論や技法の素晴らしさに目を奪われ、目の前のクライアントさんやその環境にすでに備わっている資源（使えるもの、役に立つもの）を見過ごすことや、相手に合わないものを押し付けてしまうこともあります。クライアントさんや地域の一般の人々のあり方に、じっくりと取り組んで、人々の魂のあり方から浮かび上がるものをスタート地点とすることが大切なのではないでしょうか。

たとえば仏教が魂に意味を持つ方々には、仏壇にお線香を炊き、住職の方などとお茶を飲みながらのほうが、「グリーフのワーク」を意識することやカウンセリング室で優しいセラピストに傾聴されるよりも、心に寄り添うのかもしれません。私は、心理とか福祉の概念が盛んに言われるようになる前、二、三代前の時代には、ここの人たちはこのような問題にどう取り組んでいたのだろうか、と考えてみます。こういう問題は土着の言葉で何と表現するのだろう、どんな人たちが対応していたのだろう、その背景にはどんなものがあったのだろう、と考えます。

関連して、言葉に関する感性の大切さも感じます。心理や福祉の業界では、外来語やその直訳の専門用語が多く使われます。「配偶者のＤＶ」「旦那からの殴る蹴るの暴力」「モチベーションの構築」「やる気を引き出す」こうした言い方の違いが、自分の心に、また、クライアントさんや周囲の人の心にどんな響きを持つのか、どんな心情を引き出すのか、その言葉にまつわる概念は、その人の魂にとってどんな位置づけなのか。使い慣れた専門用語、著名人やメディアの使用で独り歩きしてしまいがちな外来の概念や用語だからこそ、一般の人の苦しみの心情的、魂の部分での受け止め方や表現の仕方に留意することが必要だと思います。たとえば、「自分を愛する」というのも、実は英語圏からの新しい概念で、今は日本でも普通に言われますが、本当はどんな意味なのでしょうか？　自分を愛する時、その人の心や魂や体はどう動くのでしょうか、何を感じるのでしょうか。それは土着の表現ではどう表されるのでしょうか。

メンタルヘルスの啓蒙

バンクーバーには、お寿司のレストランがコーヒーショップと同じぐらいあります。スーパーのお総菜売り場や学校のカフェテリアにもお寿司が並んでいますし、材料も売っています。これだけ普及するには、カナダで手に入る材料を使い、現地の人の口に合うようなものを開発した日本人の寿司職人の勇気と知恵と努力がありました。「本場日本の寿司」を、お客様におもてなしをするのも貴いことですが、身近な材料で、寿司など知らずに育った人たちの口にも合うような工夫をしないと、多くの人にお寿司を食べる喜びを伝えることはできません。

同じように、心理療法の技能や知識を治療室に閉じ込めておけば、専門家は繁盛しても、地域全体の子どもや家族の健全とは遠いままです。心理療法という非日常でしかできないこともありますが、普段の生活の中でしか育たない、癒されないものもあります。自分の治療者としての技能が高まるにつれ、それを、心理や精神保健の専門家でない方々の力を育てることに使いたいという思いが強まっています。

一方、専門知識や技法の安易な普及による弊害も気になります。啓蒙運動の成果か、臨床的な言葉をバリバリ取り入れて話す方が増えてきました。問題行動を、病気・障害と受け入れることで、不必要な混乱を避け、理解をもって対応するのに役に立つ面もあります。メンタルヘルスへの偏見や援助に対する抵抗が低くなっていることも喜ばしいことです。でも、こんな会話に「ちょっと待って」と私の心の声がつぶやきます。

ジロー君（一〇歳）「僕、不安障害なんで、ここに来た」
私「へー。難しいことば知ってるね。誰に教わったの？」
ジロー君「先生」
私「不安障害ってなにかなー？」
ジロー君「？？？」
私「こわくて、心配でしょうがないことがたくさんあるの？」
ジロー君「先生がこわい」
親御さん「ネットで調べたら、不安障害には、○○療法が最適という最新の研究があるそうなので、それでお願いします。校長先生も、メンタルな問題なら、ストレスになる授業は欠席にして、カウンセリングの研修を受けた××先生にお願いしてくださるそうです」

子どもの心が、困難な体験に対して「正常に」反応しているのに、メンタルヘルスの問題とされてしまう傾向が気になります。「専門機関に行きなさい」と言われて、「自分はどこもおかしくない」と抵抗するのを問題行動と決めつけられているティーンや、長いこと専門援助漬けで「自分は専門家がいないとやっていけない子」という自己イメージが染みついてしまったお子さんたちに出会います。どちらも心の健康的な成長には逆効果です。

私が目指している「啓蒙」は、子どもの日常にいる大人たちが、自分のうちにある人間としての感性に気づき、それを育て使いながら、それぞれの立場で（先生は先生、スポーツのコーチはコーチ、近所のおばさんは近所のおばさん、親せきのおじさんは親せきのおじさんとして）、堂々とお子さんたちと心の通じ合う向かい合い方ができるよう、お手伝いすることです。

そんな思いをたずさえて一人ひとりのお子さんへの援助を通じてだけではなく、地域全体の力を高める道を少しずつ探っています。その延長で、子どもの行動を理解し関係を強めることを目的とした一〇週間の養育者さん向けの教室のコーディネートをしています。出席される方は、「うちの子だけじゃない」「私だけじゃなかった」と安心され、忍耐と勇気を得ていかれます。これは、専門家との面談だけでは不可能なことです。このような体験を通して、みなさんに、自分の中にある力に気づき信じてもらいたいのです。

道草、寄り道、旅の友

私の心理療法の道の歩みに、いつもともにある旅の友のような思いを書いてみます。

仕事道具である「自分」

どんな仕事でも、大切な道具を磨き、手入れし、使いこなすことが求められます。セラピストの道具は自分自身。自分自身を大切に育て、手入れしながら使うことが必要です。特に、援助職を目指した動機、「人を助ける仕事をしたい」「世の中の役に立ちたい」「弱い立場の人に寄り添って助けたい」といった願いの奥底に潜むもの、自分自身の何かを満たそうとする思いに、きちっと目を向け、自分の心の声なき声に耳を傾けることは必須です。

一つの方法は、学生のうち、あるいはキャリアの初めのころに心理療法やカウンセリングを受けることです。心理臨床では、逆転移などとも呼ばれますが、自身の心の中の歪みや癖がクライアントさんとの対応に出てしまうので、その解消、少なくとも自覚が必要です。「クライアントになる」体験をすることも大きな意味があります。この自分の心の癖や歪みは、クライアントさん以外の人々との関係にも影響しますので、それを知っておくことはとても重要です。

次に、異業種の方々との交流です。福祉、心理の業界では当たり前の考え方、そこに集まる人同士似たような性向、言葉遣い等に特徴があります。なかには、一般では通用しないこともたくさんあります。援助職ならではのプライド、エゴ、盲目、わがまま、それに気がつかず、正義を振りかざす可能性も忍び寄ります。他の業種の人との交わりから学ぶこと、謙虚さを保つことがバランスをとるのに役に立ちます。

自分自身のお手入れとして、自分が喜ぶことをしてあげることを忘れないようにしましょう。仕事が楽しくてやりがいがあると、つい、仕事では使わない自分の部分を忘れてしまいます。私には、普段使われない部分を喜ばせるために、きれいな風景や土に触れること、体や手を動かす趣味があります。「自分」という道具は、使い心地が悪くなっても、取り替えることができません。大切にしたいものです。

傲慢さ

私たちが良い援助者、専門家であることは、援助を必要とする方、痛みにある方にはどうでもいいのです。そうした方たちにとって、一番大切なのは、自分が苦しみから解放されるかどうか。苦しむ人にとって、目の前にいる人の知識や技能の優劣などどうでもいいのです。「いいセラピストになりたい」「セラピストとして力をつけたい」と思っていた私は、傲慢だったなぁと思います。今でも、自分の傲慢さやエゴが刺激されてうごめいて勝手をしていたことに、後から気がついて、まだまだだなぁと思うことがあります。

無力さ

実力を出し切っても、改善に至らないこともあります。援助者の力量不足なのか、生活の状況そのものが過酷すぎたのか……いずれにしても、無力感に心が沈みます。援助を受ける側には、援助を受ける側の苦しみがあり、それを助けられない援助者には援助者の苦しみがあります。これは、それぞれが抱えて生きるしかないもの。自分の無念さを自分のものとして人に押しつけず、しっかり苦しんでいるか、と省みます。私の無念さなど、誰の役にも立たない、それでも自分の苦しみをしっかり抱えるだけの大きさ、強さを持ちたいです。

曖昧さ

私たちは、ご家族・お子さんとの時間に全力を注ぐ努力をしますが、みなさんにとっては、心理療法よりも生活、人生のほうが大きいのです。心理療法より大切なことに取り組まなければならない状況や、心理療法以外の取り組みのほうが治療的で改善に役に立つこともあります。

支援を終了されたご家族やお子さんの噂を、何か月後、何年か後に耳にして、「立派に成長されたんだな。一生懸命生き続けておられるんだな」と感慨を深めることもあります。私との時間が役に立ったのかどうなのかは、謎のまま……私たちの仕事はいつも曖昧さとともに歩むものなのでしょう。一方、経験を重ねるにつれ、今できていることを、あの時のあの方にしてさしあげていれば……と思うことも増えます。私の歩みも、終わりのないもの、これでいいということのないもの、なのだと思います。

幼い日々から

子どものころ、大人たちの会話やメディアによく出ていたのは、戦争でした。今は仲良しのアメリカと日本が戦争？ ヨーロッパの文明国が悲惨な殺し合い？ ベトナム戦争って？ 人殺しって犯罪じゃないの？ 「文明国」「先進国」がそんな野蛮なことになってしまうのか、不思議で仕方ありませんでした。

ある時、聖書の「敵を愛し迫害する者のために祈りなさい」という言葉に出会い、これが戦争を無くす鍵だと感動しました。けれども、自分自身の些細な争いごとに対してでさえ、このような気持ちになれません。平和への貢献なんてほど遠い、国際的な仕事をするほどの力もないと、いつの間にか遠ざけていました。

その後、歴史上の残虐な指導者が子ども時代に虐待を受けていたことや、そうした指導者に従った人たちの心の弱点について学んでいくにつれ、個人の心と社会の暴力とのつながりへの思いが深まりました。一人ひとりの心や家族に向き合って、暴力につながる怒りや恨みの解消のお手伝いをし、自分というものを貫く強さを育てることは、周囲の社会にも影響をもたらすのでは、と思うようになりました。

ドアを閉じた密室でこっそり行われる私の仕事は、グローバルでも国際的でもありません。けれども、お会いするクライアントさんには、世界中の紛争地域から逃げてきた方々やその子孫も多く、お話を聞くうちに背負っている過去や現在の戦火が見えてきます。戦乱とは無関係だった方についても、一人の個人が、一つの家庭が、心や人間関係の平安に向かい、自分や人々を大切にする強さを心のうちに身につけていく時、その延長に世の中の平和が見えてきます。幼いころの願いが、こんな形で実現していることを思い、道草、寄り道、回り道を通じても、すっと通っていた一筋の道が見えてくるような不思議な気持ちです。

VANCOUVER

◆医療現場から

医療の現場にいなくてはならない医療ソーシャルワーカー

早坂　由美子

北里大学病院トータルサポートセンター課長補佐
ソーシャルワーカー　一九八六年卒

大学での学び

私が社会福祉学科を選んだ理由は、「人の役に立つ仕事がしたい」という思いが実現できる学科だと考えたからです。同じ感覚で語り合える友人ができるだろうということも、期待したもう一つの理由でした。入学し、かけがえのない友人に出会えることができ、社会福祉学科に入ったことは間違いなかったと思っています。しかしそこで学んだことは、「人の役に立ちたい」「何かをしてあげたい」気持ちをかなえることと、仕事として人と接すること、特にソーシャルワークの専門職として人と関わるのは全然違うということでした。ソーシャルワークは何かを与えるのではなく、クライエント自身が問題解決をしていくことを支援するものであり、実践のためには問題解決に向けた人に対する深い理解、ソーシャルワーク理論の知識、面接技術などが必要であることを知り、大変だけれどやりがいがある分野だと感じました。

その仕事に就いた経緯

医療ソーシャルワーカーを仕事として選んだのは、大学四年次の社会福祉現場実習の実習先が医療機関だったからです。私は大学時代、体育会ワンダーフォーゲル部に所属し、三年生までは大学生活の多くの時間をクラブ活動に費やしました。あまり勉強をしてこなかったといえるかもしれません。実習先に医療機関を選んだのも、自宅と大学のちょうど経路上にあったという理由からでした。当時は社会福祉士という国家資格がなく、各大学で実習時間数は大きく違っていたのですが、上智大学では八〇日以上という長時間実習を課していてしかも必修科目でしたので、大学四年生の学生生活は大いに実習先の影響を受けました。

私の場合、医療ソーシャルワーカーがいる相談室にクライエントが心配そうに、緊張した面持ちで来室したけれど、医療ソーシャルワーカーが面接をして、帰る時には、安心した顔で帰る、その様子を見てこの面接で何が起こったのだろうと考え、関心を持ち、当時一緒に実習生として通っていた人たちとも話しながら、このような仕事に就きたいと憧れた記憶があります。実習先には一〇〇日以上通い、現場のスーパーバイザーや病院内の他職種の方から多くのことを教えていただき、この仕事に就こうと決心をしました。一〇〇日間は臨床的実習だけでなく業務の簡単な補助を行い、今のインターンシップに近いことをしていたと思います。「現場」で過ごした時間は自分が思うよりもはるかに多くのことを学び、吸収できた時間だった、と今感じています。

医療ソーシャルワーカーの仕事内容

医療ソーシャルワーカーとは、「保健・医療分野で働く社会福祉士」と考えていただいてよいと思います。平成一四年に厚生省（現・厚生労働省）から出された「医療ソーシャルワーカー業務指針では、主に以下の業務を行うとされています。ここでは項目だけを挙げます。

【業務の範囲】
（1）療養中の心理的・社会的問題の解決、調整援助
（2）退院援助
（3）社会復帰援助
（4）受診・受療援助
（5）経済的問題の解決、調整援助
（6）地域活動

【業務の方法等（留意点）】
（1）個別援助に係る業務の具体的展開
（2）患者の主体性の尊重
（3）プライバシーの保護
（4）他の保健医療スタッフ及び地域の関係機関との連携
（5）受診・受療援助と医師の指示
（6）問題の予測と計画的対応
（7）記録の作成等

このような業務の基本は同じですが、医療機関の機能によって業務の割合が違ったり、力点を置いている所が違ったりします。救急車を受けるような急性期の病院に勤めている医療ソーシャルワーカーは、患者さんや家族が急なことで動揺している中で、必要な情報を提供したりさまざまな決定に関する支援をしたりします。また身寄りのない患者さんが運ばれたら、まず治療を受けられる環境を整えることが最初の仕事になります。リハビリを中心とした病院に勤めていれば、患者さんが障害を持ちながらもリハビリに取り組む気持ちを支え、できるだけ自立した生活が送れるよう家庭復帰、社会復帰を手伝います。病院から病院へ、または病院から在宅療養へ移行していく支援は「退院支援」といって、多くの割合を占める業務になっています。最近では病院だけでなく在宅医療の診療所に勤めている医療ソーシャルワーカーも増え、自宅や施設等の生活の場において患者さんがその人らしく生きられるための支援をしています。

その他、勤務をしている病院の特徴や医療ソーシャルワーカー個人の関心で強化されている業務もあります。私の場合は児童虐待への対応に関心を持ち、一九九三年に北里大学病院でチームを立ち上げた時のメンバーとして、これまで取り組んできました。当時はまだ、家庭内で親や保護者から子どもに向けられた暴力である児童虐待という現実を、あまり信じたくないという風潮さえある時代でした。

しかし、北里大学病院には説明のつかない傷を受けた子どもが運ばれてくるのを見て、「なんとかしたい、傷の治療をした病院でなんとか再発を予防したい」という気持ちで、当時関わっていたスタッフと病院内に児童虐待防止委員会を立ち上げました。具体的な事例を挙げると、意識障害で運ばれてきた三歳の子どもがいました。医療ソーシャルワーカーが面接したところ、泣き止まない子どもをなんとか静かにしたいと母親が自分の薬を飲ませてしまったということがわかり、その母親を精神科治療につなげることができました。また、腕を骨折した乳児が入院してきた事例では、医師はギブスで固定すれば帰宅できると考えましたが、年齢からみて不自然な骨折だったため医療ソーシャルワーカーから、医師に入院をさせるように進言しました。その後児童相談所がフォローしていたケースだったことが判明し、この機会に親への介入ができたという事例でした。

このように親が子どもを虐待するにはそれなりの理由があり、それを理解しようとする視点は患者のみを診ている医療職には持ちにくく、社会福祉職ならではの視点と考えます。また医療機関は虐待の発見を最もできる機関であるという自覚を持ち、介入のチャンスを逃さないというのも、連携の重要性を知っている医療ソーシャルワーカーならではの姿勢だと思っています。医師、看護師、助産師、臨床心理士、医療ソーシャルワーカーで多職種チームを組み、このような臨床での児童虐待への対応に加え、勉強会を開き、研鑽を積み、研究発表をし、職員や学生への教育に携わるなど、チームとしての実績を重ねることに力を注ぎました。

その取り組みがマスコミにも取り上げられ、児童虐待の実態や医療機関での初期対応の必要性を現場から訴え、施策に反映される一助になったのではないかと思っています。虐待を受けた子どものけがの治療をすることができても、その虐待が起こった理由は、その家庭が抱えている心理社会的問題に他ならず、ただ医療機関にかかるだけでは未解決のままであることが多いのが実情です。医療ソーシャルワーカーとして、虐待をしてしまう保護者の背景を理解しながら情報収集をする能力、アセスメント力、面接技術、児童相談所や保健所などの地域関係機関につなぐネットワーク力などをフル活用して対応することは、医療機関において他の職種ではできないことだと思っています。

児童虐待以外でも、医療ソーシャルワーカーの力が求められることが増えてきました。高齢者医療においても治癒を目指す医療から、病気をもった生活を支える医療に変わりつつあります。多くのクライエントが望むような住み慣れた地域での生活を支えるためには、介護や福祉の関係者や関係機関との連携なしには考えられません。クライエントである患者さんや家族が望む生活を実現するために医療ソーシャルワーカーはとても重要であると自負していますし、また、周りの病院内、地域の関係者から認識されてきています。

医療ソーシャルワーカーという選択

医療ソーシャルワーカーという仕事は、私のように「人の役に立つ仕事がしたい」という気持ちがある人には向く仕事だと思います。スーパーマンのように人の悩みを即座に解決できるものではないですが、クライエントから面接後に「少しほっとしました」「おかげでちょっと先が見えてきました」といった言葉が聞けると、嬉しい気持ちになりますし、励みにもなります。

一方、クライエントの悲しみや喪失というマイナスの気持ちに向き合い、寄り添う仕事なので、精神的な重さや痛みに耐えないといけなかったり、クライエントの希望と色々な制約の間で葛藤したりする辛さもあります。ただクライエントがなんとか乗り越えようとする気持ち、頑張っている姿に勇気づけられ、医療ソーシャルワーカーとして自分自身が成長していることも実感でき、私としては、自分に合っている職業に出会えたと思っています。ここまで導いてくださった方々に感謝しています。

「誰にでもできる仕事」とは思いませんが、社会福祉やソーシャルワークを学び、その価値を大切にする実践をしたいと思う人であれば、ぜひ勧めたい職業です。社会福祉士または精神保健福祉士の国家資格を取得して、仕事に就くことができれば、知識や技術を卒業後に学ぶ機会は多くあります。専門職というのであれば自己研鑽を続けることは、その責任だと思います。

私は三年前に約一年間、厚生労働省の医政局地域医療計画課在宅医療推進室という部署に研修生として所属した時期があります。「人生の最終段階における医療体制整備事業」「小児在宅医療拠点事業」に携わったのですが、加えてこれからの地域医療計画である「地域医療構想ガイドライン」の作成にも少しだけ関わらせていただきました。ガイドラインの文中に他の職種との並びで「医療ソーシャルワーカー」と書いていただいたことで、存在をアピールすることができました。臨床とは全く違う行政の仕事を学び、大局的なものの見方を学んだ一方で、現場の状況やジレンマを行政の方々に知ってもらう機会とすることができ、微力ながら橋渡しの役を担えたと思っています。

現在私は、公益社団法人日本医療社会福祉協会という医療ソーシャルワーカーの全国組織の会長をしています。当協会では、研修や調査研究、社会貢献などを事業として行っており、そのような研鑽を重ねてきた証として、一定の研修等を修めた人には「認定医療社会福祉士」を協会で付与しています。認定社会福祉士認証・認定機構の「認定社会福祉士」ともつながっています。クライエントにとってその力量や援助の質が担保された医療ソーシャルワーカーに出会えるかどうかは大きな問題であり、どこの病院に行ってもそのような医療ソーシャルワーカーと出会えるように、認定制度を広げていきたいと努力をしています。

医療ソーシャルワーカーはこれからの高齢社会、格差社会の中で、「医療の現場にいなくてはならない職種」である、と確信をもっていいえます。社会福祉を学び社会福祉士を取得したいと考えている方は、できれば実習先として医療機関を選び実習を経験し、そしてぜひ医療ソーシャルワーカーを将来の選択肢の一つに入れてほしいと願っています。

病院で出会う人生

牧　祥子

聖路加国際病院 相談・支援センター医療社会事業科
ソーシャルワーカー　二〇〇五年卒

聖路加国際病院にソーシャルワーカーとして就職して一二年になります。この仕事と出会えたこと、そして日本で初めてソーシャルワーカーを置いた歴史ある病院に就職できたこと、ここまで勤められていることを本当に幸せだと思っています。

二〇〇四年一〇月六日のこと、社会福祉現場実習中の私は、週一度の大学のスーパービジョン（実習指導）に出席した帰り、偶然聖路加病院のソーシャルワーカー募集の案内を見つけました。しかし、締め切りは二日後。諦めて帰宅すると母から「今から履歴書を書いて、翌朝出せば間に合う」と叱咤激励され、徹夜で書き上げて（印鑑を押し忘れたことに郵送後気づく）、始発で大学に行って必要な証明書類をもらい、麹町郵便局から郵送しました。徹夜して居眠りしながら書いた履歴書と就職試験で書いた作文、そのどちらにも私が四年間大学で過ごし、学んだ熱い気持ちを込めて書きました。ここから私の学生生活、社会福祉現場実習、そして現職について紹介していきます。

社会福祉学科を志望した理由

母は上智大学で社会福祉を専攻し、卒業後は家庭裁判所調査官をしていました。小学校の時に両親、妹と東京観光の途中で立ち寄ると、人学隣のイグナチオ教会で結婚式を挙げていて、とても素敵だと思った記憶があります。大学受験の時、父が法学系、母が福祉系なので私も遺伝上（？）どちらかは向いているはずと単純に進路を選び、現役時代は法学系を受けて不合格、浪人中に社会福祉系を受けました。上智の筆記試験の世界史は聖書の引用からの出題で、無宗教一家の私には天使の名前など全然わからず、全部勘で答えました。一年多く勉強したのに、と思うと悔しいやら情けないやら。何で一次試験に合格できたのでしょうね。続く二次試験の面接では、「福祉方面に進む心意気が甘い（私が単純に進路を選んでいるから当然）」と厳しく言われて不合格を覚悟しましたが、無事合格することができました。ちなみに入試面接で叱られたO先生の授業が、学生時代一番印象に残っています。

印象に残った授業

一番印象深い授業は「グループワーク」です。隣同士と意見交換をする、数人のグループに分かれて話し合う、という参加型授業だったので、初めは緊張しました。でも「グループでは各自の発言を否定しない、一旦受け止める」という約束のもと積極的に参加でき、知らなかった自分を知る機会になりました。面白かったのは「ラブレターゲーム」。グループメンバー全員が、メンバーの一人ひとり宛てにラブレターを書くもの。確か、いいことをいっぱい書けば書くほどいい、というルールでした。他人から「自分の強み」を見つけてもらえることは恥ずかしいけどすごく嬉しくて力をもらえます。そういったゲーム感覚で、集団から見た私、という視点を模索していくことはとても新鮮でした。また、授業の中で「闘争と逃走の関係」すなわち、「一見凝集性が高く、仲が良さそうな集団でも個人（もしくは何か）への批判、悪意、敵意でまとまっている場合がある」という視点を学んだことをよく覚えています。

上智聖歌隊に入りそこでサブチーフをしていた私は、サークルやアルバイトなどの話し合いでふとこの言葉を思い出し、当てはまらないか考えたことが何度もあります。私たちは家族、仕事、友達、サークル、アルバイトなどたくさんの集団に属していますから、日常の場でふと立ち止まって、「今、ここで」私が所属する大小の集団を、客観的に眺めることは、私自身を見つめ直すことにつながるのだと思います。

卒業後の進路を決めたきっかけ

聖歌隊は三年生まででほぼ引退し、四年生は就職活動と社会福祉現場実習が中心となります。二年次に国家資格のどちらかを取るかを決め、実習先も選びます。社会福祉士を選ぶ人が多い中で、私は精神保健福祉士を選びました。専門性が高いと思ったからです。しかし、就職してから今度は社会福祉士を取得しようとした時、大学で取得した科目まで全て通信教育で学ぶことになり、とても大変でした。どの福祉分野に就職しても、それぞれの資格を活かせるはずです。大学で両方の資格が取得できるのが理想なのではないか、と思います。

さて、現場実習が始まる前、私に大きな出来事が起こりました。左目に網膜剥離を起こして緊急入院、手術をすることになったのです。この入院が私の進路を決めるきっかけになりました。初めての入院、緊急手術……卒業必須条件の実習は延期です。「目が見えなくなったらどうしよう」「卒業できないかもしれない」「実習に行けるだろうか」「実習先、先生方、みなに迷惑をかけてしまう」など、不安でいっぱいで涙が出ました。幸い手術は成功し、先生方や実習先の配慮で、実習も再開することができました。家族や友達も支えてくれました。入院生活をしながら「病気やけがを治すだけでなく、安心して帰れる場所があって、治ったことを一緒に喜んでくれる人が待っている……。そうなるようにお手伝いをするのがソーシャルワーカーであり、それを目指したい」と思いました。あとは実習合計六〇日間と国家試験を残すのみ、二〇〇四年八月のことでした。

医療ソーシャルワーカーの仕事の紹介

聖路加国際病院の相談・支援センターでは、患者さんやご家族に渡すリーフレットにこう記しています。「ソーシャルワーカーとは心理社会的な問題のために治療に専念できない患者・家族の相談に乗り、問題解決のために話し合いをします」。私が勤務する病院は約四〇の診療科目があり外来患者は約二七〇〇人。平均在院日数が九日以下。また第三次救急といって重篤な患者を受け入れる体制をとっているので、救急車がひっきりなしに到着します。その中には新生児から高齢者はもちろん、外国人やホームレスの人も。ソーシャルワーカーの相談内容は転院相談、退院相談、子育て相談、経済的相談、就労の相談、依存症の相談、認知症の相談、虐待・ＤＶ相談など多岐にわたります。福祉の分野で考えると、高齢者福祉、児童福祉、精神保健福祉、障害者福祉そして医療福祉と幅広く網羅しています。

ソーシャルワーカーは医師や看護師のように医療・治療・ケアの専門家ではないですが、それは患者さんや家族と同じ。そのことを強みにして患者さんや家族と一緒に話し合っていきます。仕事の基本は面接です。相談室で会うこともあれば、入院中の病室に行ったり、点滴中の外来に行ったりすることもあります。面接では、患者、家族の生きざまを教えてもらいます。医療を受けるうえでの心配事を聞き、社会資源（サービスや制度など）と結びつけて、患者の強みを生かせるようお手伝いします。同職種はもちろん、院内院外の他職種との協働がとても大切です。お互いの専門性を尊重し、意見を出し合うことが望まれます。院内の他職種には医師、看護師、リハビリスタッフ、栄養士、薬剤師、臨床心理士など。院外では保健師、区役所、福祉事務所、ケアマネジャー、児童相談所、学校などで、患者さんと社会のつながりを示しています。

病院で出会った、印象的な人生。それぞれの方と過ごした日々

実習中から現在まで、たくさんの患者さん、家族と出会いました。その中で私の心に深く残っている出会いを紹介します。一人は精神科病院の開放病棟で社会福祉現場実習をした時に、出

会った患者Aさんです。Aさんは三〇代前半の女性で、躁うつ病で入院中でした。開放病棟の患者さんたちは高齢者が多く、「テレビを見よう、ゲームしよう、おしゃべりしよう」と学生の私を歓迎してくれました。でもAさんは私が挨拶をしてもいつも素っ気なく、ツンとしています。きっと関わりたくないのだろう、と思いつつ毎日渋々挨拶は続けていました。

実習最終日、いつものように挨拶して通りすぎようとすると、意を決したようなAさんに呼び止められ、病室に来てほしいと言われました。Aさんから「私はクリスチャンで歌が好き。一緒に歌いたい。あなたが自己紹介で聖歌隊の話をしてからずっと話したかったが、なかなか声がかけられなかった」と。Aさんが開放病棟のオルガンを弾きながらソプラノパートを、私がアルトパートを担当し、クリスマスの聖歌をいくつかハーモニーで歌いました。歌い終わると、病棟の患者さん、医師、看護師が私たち二人を囲んで拍手をしてくれました。その光景と、初めて見る誇らしげで満面の笑みのAさんを私は今でも忘れられないのです。

もう一人は数年前に仕事で担当した七〇代後半のBさん。結核と骨髄異形成症候群の患者です。Bさんは家族とは疎遠で一人暮らし、生活保護を受けていました。重い病気を抱えているのに薬をきちんと飲まない、食生活が偏っている、生活保護のお金をぱっと使ってしまう、本人は耳が遠くて短気という「大変なケース」です。病院の医師・看護師・ソーシャルワーカー、保健所、訪問看護、福祉事務所など地域で色々な機関が関わっています。Bさんは外来受診のたびに私のところに立ち寄っては「あの機関の○○が腹立つから怒鳴ってやった、胸倉つかんでやった」などと不平不満を息巻いて話し、ひとしきり話し終わると帰っていきます。

他機関の職員が訪問しても、家にいないし、会えば穏やかでないエピソードを、わあわあ話すのですから、みんな困りきってBさんへの今後の関わりについて関係者会議を開きました。すると、どの機関でもBさんは実際には怒鳴ったり暴力をしたりはしていなかったのでみんな驚きました。話し合いの最後に主治医がこう言いました。「Bさんは人によって態度を変えて相手を振り回すところがある。でも本当は寂しがり屋で人との関わりを不器用に求めている。あまりBさんの言に振り回されずに、それぞれの役割をこなしましょう」と。この会議からしばらくのち、Bさんは急変して搬送され数日後亡くなりました。枕元に行った私に「（主治医の）先生は怒っている？　お薬飲むとかいかい（痒み）が出て辛いんだ。生きているとね、辛いことばっかりだよ」と言いました。いつもの威勢のいい声とは違う悲しそうな静かな声でした。出棺の時、「見送りに来ないとBさんに怒られますから」と地域の機関の方々がみんな来てくれ、涙ながらに見送りました。Bさんは独りぼっちではなかったのです。

「不器用に相手との関わりを求める」、それはAさんもBさんも同じかもしれません。私の声かけに対して素っ気なかったAさん。私自身が人見知りしない性格のせいか、「話しかけて素っ気ない人は私に関心がない、私とは話したくない」という考え方の癖があったのでしょう。でも人と人との関係づくりとはそんなに単純なものではありません。きっと「あなたのことを知りたい、関わりたい、そして大切に思っている」というメッセージを態度や言葉で相手に伝え続けることで築きあげていくものではないでしょうか。

私はBさんが亡くなるまでの約一年、担当ソーシャルワーカーとして関わりました。Bさんの「周囲と関わりたい」という不器用なメッセージ、私はどこまで受け止められていたのでしょう。こんなふうに、担当が終わった後で「ああすればよかった」「もしこうしていたら?」と迷ったり悩んだりしたことはたくさんあります。でも、地域の機関の方々も、私も、Bさんとの関わり方に悩み、困惑しながらも、大切にしてきました。「患者・家族の人生に関わること」の重みとやりがいを改めて感じ、忘れないでいようと思ったケースです。

出会いを大切に……

入職して一〇年以上たち、日々、色々な人生と出会っています。病院に来ることは患者さんや家族にとって「危機」であり、同時に、ソーシャルワーカーが途方に暮れている人たちの思いを聞き、ここから先どう歩いていくかを一緒に考えていける機会だと思います。前述したとおり「メッセージを態度や言葉で相手に伝え続ける」関係づくりには長い時間が必要だと感じます。

しかし救急病院では、短期間で退院したり転院したりする方が多く、また緊急の対応、会議やカルテ記載に追われて、なかなか思ったような関わりができずに葛藤を感じます。そんな中で「途方に暮れていた時、ソーシャルワーカーと一緒に頑張れた」といった言葉をもらうとやりがいを感じ、たとえ短期間になったとしても、出会いと関わりを大切にしたいと思っています。

救急病院で患者さんとの出会いを重ねて感じるのは「当たり前だと思っていたことがそうでなかった」ということです。家族がいる、友達がいる、家がある、保険証がある、食事がとれる、洋服がある、大学で勉強ができる、そして健康で働ける……。私やみなさんが、持っていて当たり前と思

うものをいろんな事情で持たずに生きてきた人たちや、手放してしまった人たちに、病院ではたくさん出会うのです。もし福祉の現場に行かなければ、出会わなかった人生だと思います。そういった出会いをする時、経験したことのない戸惑い、驚き、悲しみに私たちは大きく感情が揺さぶられるかもしれません。でもその気持ちを恐れないで言葉にしてみてください。そして相手がどんな気持ちか想像してみてください。

福祉の現場に関心を持ったみなさん、今までとこれからの出会いを大切にしてくださいね。

◆地域福祉の分野から

「社会福祉」って何？
――対人支援の奥深さと魅力

福沢　祐真
横浜市青少年相談センター
社会福祉職　二〇〇九年卒

社会福祉って？

みなさんは、『社会福祉』というと、どんなイメージを持ちますか？「特殊な困難な状況にある人のみが利用する」だとか、あるいは「普通の生活上、自分たちには関係のない分野」と思われる方もいることでしょう。確かに、主に何らかの困難や事情を抱えた人々が利用する側面はあります。

しかし、人はどのタイミングで生活上の困難に遭遇するかは誰もわかりません。お父さんが、熱心に働いたがゆえに燃え尽き、うつ病を発病し就労できない状態になり、自死により経済的な支えを失い、その家庭が一気に貧困に陥ることがあるかもしれません。また、自分の子どもが、いじめにあい、不登校になって部屋にひきこもり、何か月も休んで心配になることもあるかもしれません。お母さんが交通事故に遭い、突如としてつきっきりの介護が必要になることもあるかもしれません。

こうした出来事に遭遇したら、みなさんはどう思いますか？　多くの方は戸惑い悲しんだり、理不尽さで怒りに震えたり、混乱してしまうと思います。たとえ自分自身には起こらなかったとしても、あなたの大切な家族や親戚、友人に起こりうることも考えられます。実は、先程の場合は全て、社会福祉が関わり支える分野です。そう考えると、『社会福祉』とは、むしろ自分の身近に常に存在する、とても重要なものということがわかると思います。社会福祉の制度が充実していれば、誰もが安心して生活を維持していく保障につながります。これからの話で、少しでもみなさんの社会福祉のイメージを広げられたらと思います。

社会福祉との出会い

私は高校時代に参加した、障害児の放課後レクのボランティア活動がきっかけとなり、社会福祉に興味を持ちました。車いすを使用している障害児たちと、地域の教会を借りて一緒に遊んだり、公園に外出したりする活動でした。当時は障害児に遊びの機会、場所が十分に確保されておらず、外出先も駅にエレベーターが設置されていなかったことが多く、遊びに行くこと一つ苦労したことを覚えています。障害を持つ方の生活について考えることなく育ってきた私にとって、衝撃的な体験でした。難なく暮らしてきたこれまでの自分の生活は、当たり前でなかったのだと気づいて、恥ずかしい思いをしました。誰もが暮らしやすい生活って何だろう、そう疑問を持ち、大学では社会福祉を学ぼうと決めました。

上智での学び

上智の社会福祉学科では、「学生に考えさせる教育」を先生方が意識されていたように思います。大学では、細かい制度やすぐに現場で活用できるような援助技術を学べるのだろうと意気込んでいましたが、いい意味でその期待は裏切られました。「社会福祉援助技術は、ともすれば人の心を操るような怖い技術にもなり替わってしまうこともある」「だからこそ、技術より前に幅広い教養や知識、価値観・倫理や、人間の尊厳とは何か、学ぶことがまず大切」という教えが印象的でした。答えではなく、その過程を考えること、常に自分のやっていることに疑問を持ち続けること、特に社会福祉にはそういう姿勢が大切だと教わりました。当時は漠然と聞いているだけでしたが、後に実際に社会福祉の現場に入って、その大切さを実感しています。

横浜市社会福祉職公務員を選んだ理由について

異動が数年単位であり、多くの職場を経験できること。福祉施策立案を含め、幅広く社会福祉の分野に触れられる職場だと思ったからです。横浜市の福祉職なら、求められる福祉サービスや社会システムを、現場での出来事や困っている方の声を聴きながら考えていくことができると思いました。

横浜市では、昭和四一年より社会福祉職の採用が行われています。当時社会福祉職採用を行っている自治体は多くなく、全国的にも先駆的で稀な存在でした。現在は福祉職職員・責任職合わせて一六〇〇人もの人数を擁しています。高い社会福祉の専門性を持った職員とともに働けるという点も、横浜市を選んだ理由の一つでした。横浜市の福祉職では、主に次の四つの幅広い分野で仕事ができます。

児童福祉分野では、区役所こども家庭支援課、児童相談所、児童養護施設、児童自立支援施設など。

高齢者福祉分野では、区役所高齢支援課、養護老人ホームなど。

障害（児）者福祉分野では、区役所障害支援課、重度障害者入所施設、更生相談所など。

地域福祉分野では、区役所福祉保健課、病院分野では医療ソーシャルワーカーなど。さらには、事業企画など施策面に携わっていくこともできます。

職歴と仕事内容

私の職歴は以下のとおりで、いくつかの職場を経験してきました。

平成二一年　　：横浜市福祉職公務員として入庁
平成二一〜二三年：区役所保護課（現・生活支援課）で生活保護ケースワーカーとして三年間勤務
平成二四〜二七年：児童相談所一時保護所で児童指導員として四年間勤務

平成二八年〜現在：青少年相談センター

現在の職場である青少年相談センターは、昭和三八年に設置された、横浜市直営の若者の支援施設です。当センターは平成二一年厚生労働省の「ひきこもり対策推進事業」に位置づけされている、「ひきこもり地域支援センター」に認定されています。一五歳以上四〇歳未満の不登校・ひきこもりなどの青少年やその家族が抱えている問題を解決するため、電話や来所相談、家庭訪問、その他グループ活動や家族勉強会など支援プログラムを提供しています。必要に応じ、就労支援機関など、他機関への紹介も行います。

相談の約六〇％は、ひきこもりが主訴です。不登校・ひきこもりの支援は、「実現可能なゆるやかな目標」から始めます。たとえば、一歩踏み出したいが、社交不安などで外出することができない方には、相談員が「家庭訪問」を行い関係づくりから始め、関係ができて外出が少しずつできるようになったら「個別来所相談」、相談員以外の人と交流して慣れていきたいとなれば「集団支援」としてグループ活動の参加、社会参加・就労に出てみたいけれど一歩踏み出せないとなれば「社会参加体験」といった事業もあります。利用者のニーズやペースに合わせて少しずつステップを踏み、課題を解決していきます。

仕事の難しさとやりがい

「利用者のニーズに合った支援」の難しさを感じています。一概に「ひきこもり」といっても、その原因やきっかけは多様です。まず丁寧に本人やご家族から生活歴・成育歴を聞き取ることから支援は始まります。そして背景には何があるのか考えます。統合失調症やうつ病などの精神疾患を抱えているのか、もともと本人が持っている発達の特性により、今の社会との感覚のギャップがあり生きづらいのか、それとも、本来、性格的に繊細で傷つきやすいのか、はたまた人間関係や家族関係のつまずきの体験か、など複合的な判断が必要とされます。

こうした背景や本人を見極める力を「アセスメント」や「見立て」と言います。この「アセスメント」というのが非常に難しい。しかし、対人支援の専門家の能力として、最も求められる力です。たとえば、相談を始めてすぐに、ご両親からひきこもっている本人へ家庭訪問をしてほしいと希望されることがよくあります。しかし、本人の同意なく家庭に訪問することは、言ってみればひきこもり本人の「生活領域」に、私という「外部の異物」が侵入してくるわけですから、自分を守るためにより部屋に閉じこもることになります。そうなると、かえってひきこもりを強めてしまう可能性があります。場合によっては、私を呼んだ親を敵視し、攻撃してしまったりすることにもなりかねません。本人が何に困っていて、どういう人か、何が外に出ることを妨げているのかわからずに、私が介入したことでかえって悪化する最悪のシナリオです。

この仕事で最も必要なのは、専門知識以前に、「この人はこういう人だ」と決めつけてしまうことでなく、人や人の生活に対する興味・想像力を常に持ち続けることだと思います。アセスメントとは、その人がどういう人なのか、しっかりと専門知識に裏付けされながら総合的に把握する力だと思います。私自身も勉強中で、アセスメントに迷うことがあれば、職場の検討会議に諮ります。先輩や上司、嘱託の精神科医などの意見をもらいながら一緒に対応を考えていきます。

ひきこもっていた若者に家庭訪問を続け、ドア越しに声をかけ続けた結果、人と会えるようになった方がいます。本人と会った時は、本人も好きで私自身も好きなカードゲームをやって関係をつくりました。そうするうちに徐々に外出したいと言ってくれたので、近くのコンビニに一緒に行くことから始め、最終的には一人で当センターに来所できるようになりました。その方は好きなゲームを買うため、少しずつアルバイトのことを考えています。このように実際に本人が自分の力で変わっていく姿を目のあたりにした時、困難な状況を乗り越える人の持つ力の凄さを感じます。それをダイレクトに感じられるのは、この仕事ならではです。

人の命・人生に丸ごと深く関わる仕事であり、それに伴い大きな責任も生まれます。しかし、自分自身が「社会資源」となり、上手く利用してもらって、少しその人の人生が豊かになることもあります。そういう時に大きなやりがいを感じます。利用者の多くは困難な状況を生き抜いてきた強さがあります。その強さに勇気づけられ、私自身の生き方も深く考えさせられます。上手くいった時はともに喜び、失敗した時はともに苦しみ、支えることを共有できるのは、この仕事だけでなく、福祉の仕事に共通していえることだと思います。利用者の方から教えられたり、力をもらったことは数知れません。

どんな状態にあっても、一人ひとりが人間としての誇りや尊厳を持って生きてよいはずで、「最大多数の最大幸福」といった画一的なものではなく、「他ではない、その人自身の幸福」を得ることが大切です。その人自身の苦しさや困難さの気持ちに寄り添いながら、オーダーメイドの手伝いをできる仕事が『社会福祉』の仕事であり、面白さだと思います。

明るく生きやすい社会にするために

読者のみなさんには多様な人との関わりや、経験を通じ自分の世界を広げてほしいと思います。社会には、人の数だけ価値観や考え方がある、それを今のうちに実感することは大切なことだと思います。

実際に利用者への支援でも、利用者の持つ価値観を自分で受け入れているつもりでも、本心では受け入れきれていないこともあります。何かの拍子に出た言葉が、利用者の方を大きく傷つけてしまった経験も何度もありました。色々な方と出会い、一緒に喜んだり怒ったりと関わってきた中で、少しずつこれまでの価値観を壊しては受け入れる作業を繰り返し、自分の世界を広げることができました。しかし一方で、若いうちに色々な経験をしておけばよかった、と後悔しています。社会福祉の仕事でいえば、みなさんが生活上経験した全てが、支援する力になります。ぜひ経験を大切にしてください。

今、日本社会で起きていることに理不尽さや怒りを感じて、なんとかしたいという気持ちがある方にとって、『社会福祉』の仕事は本当にお勧めの分野だと思います。そうした社会のあり方や価値観などに対しある種の疑問や怒りを持つことは、よりよい社会を作っていくための原動力になるので大事にしてほしいと思います。社会福祉の発展は、個人の力ではどうにも幸福になれない理不尽な社会に対して、「怒り」「許せない」などの想いを持った当事者やそれに携わる方々のたくさんの活動とともにありました。こうした活動は、社会福祉の世界では非常に重要で、間接援助技術で「ソーシャルアクション」(社会福祉活動法)といわれます。社会福祉の根幹をなす、ソーシャルワーカーにとっても、重要な活動の一つです。

人間だれでも、不要なトラブルは避けたい、自分の身の周りは安全でありたい、病気や障害はあってほしくない、安心して生活したいと願います。しかし、必ずしもそうならない現実が存在します。その事実を前提として受け止め、真正面から向き合い、それではどうすればよいのかについて考える分野が『社会福祉』であると私は考えます。そういったことを考える人が増えれば増えるほど、社会は明るく生きやすくなっていくと思います。

　本稿を通して、少しでも『社会福祉』について興味を持っていただければ嬉しいです。

伝えること、伝わること。伝え合う大切さ
――自分の夢を追いかけて

佐藤　奈々子
相模原市教育委員会学務課
行政職　二〇〇七年卒

私は二〇〇二年四月に上智大学の社会福祉学科へ入学し、一年間のアメリカ留学を経て、上智大学大学院言語科学研究科へ進学しました。修士課程を修了した後に地方公務員となり、現在は教育委員会において就学に関する相談・事務を行っています。大学入学からの時間を振り返ると、大学で得た知識や経験、そして出会った人たちとのつながりは、私にとってかけがえのない財産です。

自分自身のこと

私は三歳ごろから原因不明の感音性難聴となり、補聴器を装着して日常生活を送ってきました。生まれも育ちも小さな田舎町であったため、当時の小学校には聴覚障害児を対象とした特別支援学級（難聴級）は開級されておらず、普通学級で過ごしてきました。私の場合、難聴になる前に、ことばを話せるようになっていたことは「幸い」でした。聞こえない音は文字で確認したり、正しいことばの音を両親に確認したり、私なりの方法で聞こえてくる音とことばを結びつけ、特段不自由なく生活してきました。

高校でニュージーランドに留学した時のことです。ホームステイ先である高校の先生から英語の勉強方法を特別に教えてもらいました。英語には私が聞こえない音が多かったのですが、その先生から英語の音は口元をよく見ることで、ある程度その音がわかることを教わりました。話し手の口の動きとスペリングを照らし合わせ、そのスペリングを参考に自分の口の中の動きで英語の発音を覚えました。この方法は、私がこれまでに実践してきた、ことばを覚える方法と似ていることに気づきました。たとえば、sick と thick という音の違いを私は聞き分けることができません。そこで、/th/ は舌が前歯の間から覗くので、視覚を使えば両者の違いを区別することができます。同様に、sea と she の違いも聞き分けられません。この二つは、自分で発した音ですら違いを聞き分けることができません。発音を覚えた際には、上唇と下唇の間の息の抜け具合を自分で感じながら発音し、発音がどちらか先生が聞き分け、私に教えてくれました。平たく息が抜ける音が sea で、狭く強く息が抜ける音が she、そのように感覚を使いながら発音を身につけました。このような他の友人とは違う英語の勉強方法に出会えたことで、聴覚障害を持つ自分にしかできないことがあるのではないかと模索するようになりました。

社会福祉学科に入学して

高校時代に海外で暮らした経験から、国際色豊かな上智大学の校風に憧れ、また聴覚障害者として健常者の間で生きてきた自分自身の経験を活かし、何かできることを見つけたいという思いを胸に、二〇〇二年四月上智大学文学部社会福祉学科に入学しました。入学当時は、ニュージーランドでお世話になった、言語学習に課題を持つ生徒に寄り添って学習支援をする先生の仕事に魅力を感じ、同じような仕事をしてみたいと漠然とした将来を描いていました。大学一年生で受講した外国語学部の「言語と人間」という講義をきっかけに、言語聴覚士という専門職を知りました。この言語聴覚士の仕事が、まさにニュージーランドで出会った学習支援をする先生の仕事に似ていたのです。

また、心理学科の発達心理学や児童精神医学といった講義を受講していくうちに、私は療育の分野で言語発達に障害を持つ子どもたちの発達支援、言語訓練に魅力を感じるようになりました。こうして、徐々に、大学卒業後には療育に携わる仕事をしたいと具体的に将来を考えるようになりました。

進路選択と交換留学

大学三年生になると、学科の友人の中には公務員試験に向けて勉強を始める人、就職活動に向けたインターンシップを行う人、特定の分野でボランティア活動を行う人、それぞれが大学卒業後の将来に向けて準備を開始していました。こうした友人から刺激を受け、私自身も卒業後の進路を真剣に考え始めたころ、上智大学大学院に言語聴覚士養成課程があることを知り、大学院進学を目指すことを決意しました。

四年次で行う社会福祉現場実習は、療育の現場で行いたいと強く希望して、言語聴覚士が常勤する難聴幼児通園施設にて三〇日間実習をさせていただくことができました。この実習期間は、私にとって後にも先にもこれほど充実した三〇日間はなかったと思えるものでした。三〇日間という短い期間であったにもかかわらず、その間に子どもが成長する姿、子ども同士のことばのやり取りが芽生えた瞬間、子どものことばが増えて親子のコミュニケーションが深まっていく、そんな感動的な光景を何度も見ることができたからです。実習を通して、改めて療育の仕事がしたいと強く思うようになりました。

このように、将来の夢を具体化させていった一方で、私は大学入学当初からアメリカへ交換留学をしたいと思っていました。異国の地で多くの人々に出会い、生活することを通して学びたいという気持ちから、一年間の交換留学をすることにしました。当時、社会福祉現場実習は四年次の必修科目となっていたため、留学時期について悩んだものの、現場実習を終えた四年生の夏から一年間大学を休学する形で、アメリカへ交換留学しました。

留学先はミネソタ州立大学、大きな総合大学で発達心理学が有名な大学でした。将来大学院へ進学するための準備として、言語学を中心に言語聴覚学を勉強しました。また、教授にお願いをして、特別に大学内に設置されたクリニックの療育現場を見学させていただき、言語療法士（スピーチセラピスト）から多言語社会であるがゆえの課題、たとえば家庭ではスペイン語を話している子どもに対するバイリンガル療育の難しさ、また学習障害を持つ難民の子どもへの識字教育等、アメリカ特有の課題も知ることができました。

留学から帰国した後は、社会福祉士の国家試験と大学院入試の勉強に追われる日々となりました。苦戦しましたが、これまで学んだことを活かして受験勉強を乗り越え、二〇〇七年四月大学院へ入学しました。

大学院言語聴覚研究コースへ

上智大学大学院の言語聴覚士養成課程は、外国語学研究科（当時）に位置づけられたコースだったため、言語聴覚士養成課程の科目以外に、第二言語習得や英語教育法など幅広く言語習得に関することも勉強しました。大学院では講義だけではなく校内実習や現場実習があり、ことばとコミュニケーションがいかに子どもの人生を豊かにするか、コミュニケーションの発達に親子の愛着がいかに大切かを、理論と実践を通して学ぶことができました。同時に、高齢社会の日本では、言語聴覚士としての仕事は、療育の分野だけではなく、成人を対象とした分野、とりわけ脳血管障害の後遺症としての言語障害や嚥下障害（食べ物を飲み込むことが困難になること）に対する訓練においても求められていることがわかりました。

子どもを対象とした療育分野での就職は、狭き門であり、私が思い描いていた将来とは程遠い社会の現実をつきつけられました。さらに、言語聴覚士の現場実習を行った回復期の病院実習においては、私自身が聴覚障害を持ちながら嚥下訓練を行うことの難しさを痛感し、言語聴覚士として他人の人生に関わることに自信をなくしてしまいました。働くことは個人の理想を実現することだけではなく、社会がその職業に期待する役割を果たすことであると気づき、私にとって働くこととは何か、進路についてとても悩んだ時期ともなりました。

進路について考え迷った末、大学の入学当時に自分が何を目指していたのかを再考し、専門職でなくても言語聴覚士としての知識や社会福祉的視点を活かせる、人を相手にする仕事に就こうと思うようになりました。ちょうどそのころ、新聞に掲載されていた公務員試験（障害者採用）の採用募集が目に留まり、地方公務員の仕事であれば日々市役所を訪れる多くの人に接することができ、大学・大学院で身につけた知識が活かせる仕事があるのではと思い、公務員試験を受験しました。運良く合格することができ、翌年から地方公務員としての仕事をスタートしました。

公務員として働くようになって

実際に地方公務員として働き、「公務員の仕事であれば日々市役所を訪れる多くの人に接することができ、大学・大学院で身につけた知識を活かすことができる」と思うことは多くあります。コミュニケーションに障害をお持ちの方が窓口に来られた時の対応、増加している外国人住民や、米軍基地のある土地柄のため英語しか話せない方への対応などをすることがあり、大学在学中にさまざまな異文化体験をしてきたからこそ、自身が聴覚障害を持ちながらも対応できることが多くあると感じています。なかでも印象に残る二つのケースを紹介します。

■ケース1　失語症を持った男性（Aさん）

福祉課に配属されていた際に出会った、「ご近所トラブルで嫌な目にあった」と窓口を訪れた中年男性Aさん。ずっと下を向いて、ことばが途切れ途切れに出てくる。最初に対応した職員は「ちょっと変わった人が来た」という印象を持ったという。ある日の昼休み、私が以前対応した職員の代わりに対応したところ、コミュニケーションのとり方に特徴があることに気づいた。言語の理解に比べて言語の表出が極めて悪く、彼の話し方が失語症者の話し方の特徴とよく似たものであったため、Aさんは言語障害をお持ちの方でないかと感じた。そこで、Aさんの主訴であるご近所トラブルの内容について、ことばのやり取りだけではなく、ジェスチャーやイラストなどあらゆるコミュニケーション手段を使って話を聞き出したところ、本当は生活（金銭面）で困っていることがあり、誰かにこのことを自分の代わりに市役所に相談してほしかったが、それがうまく伝わらずに苦労している、そして自分ではどこに相談をしていいかわからなかったという。そこで、Aさんが市役所を訪れた真のニーズと、本人の了承を得たうえで言語障害があることを、その地区担当のケースワーカーに伝えて支援を開始してもらった。その後、彼は重度の失語症者で以前にもケースワーカーが関わっていた記録があったことが判明した。大学在学中に学んだケースワークの技法、大学院で学んだ言語障害の知識があったからこそ、ご近所トラブルについて「文句を言いに来た、少し変わったおじさん」で終わらせることなく、真のニーズを聞き出し、必要な相談機関に結びつけることができたケースであった。

次に、教育委員会の就学事務を担当していた際に出会ったケースを紹介します。

■ケース2　学校に通わせたいといって子どもを連れてきた外国人妻と日本人夫

新学期が始まってまもなく、六歳の子を学校へ入学させたいと日本人夫と外国人妻の夫婦が、妻の連れ子（外国籍）を連れて市役所の窓口を訪れた。私は、子どもを入学させる事務手続きに必要な個人情報および来日の理由などを聴取する間に、その子どもの様子を見ていると、身振り手振りのやり取りが多いこと、声を出さないこと、そして眼球の動きが左右で異なり、視線が定まらないことに気づいた。父親に子どもの発達状態について問うと、「片目が見えていない」と言い出した。また、その横から母親が父親に耳打ちをし、「どうも耳も聞こえないみたいです」とのこと。しかし、出生国では視覚・聴覚ともに検査や治療を受けていなかった。また、来日してからも福祉事務所や児童相談所に相談することなく家の中で過ごしてきたという。

その話を聞き、私は正直、とても驚いた。小学校へ入学するにあたり、まずは視覚・聴覚の検査を受け、適切な治療（およびメガネや補聴器の使用）を行う必要があると判断し、福祉事務所への相談を勧めた。また、特別支援学校への入学について、障害の程度や保護者の希望に応じて選択できるよう、特別支援教育担当を面談に同席させ、保護者に日本の学校制度について説明してもらった。その後、特別支援教育担当を中心に支援が開始され、その子どもは障害者手帳を取得し、コミュニケーション手段を確立することが早急に必要と判断され、特別支援学校へ入学することができた。

この親子への対応についても、子どもにとって本当に必要なこと、保護者が行うべきことをアセスメントし、必要な機関に結びつけることができたケースだった。

その他にも印象的だったケースはいくつもありますが、これらのケースは社会福祉的視点を活かしたからこそ対応できたものだと思います。現在、小中学校への就学相談の仕事をしていると、実にさまざまな悩みや難しさを抱えた家庭の相談を受けることがたくさんあります。その時、家庭とはこうあるべきだ、といった一つの価値観に縛られて対応するのは、相手も自分も苦しくなるだけだと思います。一つの価値観に縛られることなく、いくつもの引き出しを持つことが大切なことだと私は感じています。

上智大学という国際色豊かで、さまざまな背景を持った学生とともに四年間学んできたこと、留学先のアメリカにおいてもさまざまな言語、文化、民族に出会うことができ多様な価値観を学べたこと、そして社会福祉学科において人と社会のつながりやケースワークの技法を学べたことはとても幸せだったと思います。

結婚、そして子どもを出産して

社会人となって四年目に結婚、そして七年目にさしかかるころに産休に入り、一年間の育児休暇を取りました。子どもが生まれてからずっとわが子と一緒の生活で、子どもの発達を間近で見ることができ、動物としてのヒトが社会的な存在の「人」になっていく過程は非常に面白いと思う日々を送っています。

出産直後、半年以上も私のお腹の中でモゾモゾ動いていた生き物が、外界に出てきて肺呼吸をしている姿、泣き声を上げる姿は、何とも不思議であり奇跡のように感じられ、とても感動しました。また、産まれてから毎日二四時間つきっきりの生活を送ったからこそ、日ごとに子どもの表情が豊かになっていく過程や、身体能力とコミュニケーション能力が発達していく過程を見ることができました。子どもの言語発達や発達心理学を学んできたことによって、子どもの発達を見る目を養うことができたのではないか、と感じています。絶えず成長するわが子の姿は、私たち夫婦にとってこのうえない喜びであり、その成長を促すために親として何ができるか、考えることが育休中の仕事でした。子育てほど創意工夫が必要な仕事はないと思っています。

これから目指したいこと

社会福祉現場実習で感じたことでもありますが、子どもが成長する姿は、親にとってこのうえない喜びと幸福感を与えてくれます。一年間の育休中、初めての子育てに戸惑いながらも、目の前にいる子どもの様子をよく見て、子どもがさらに成長するために親ができる手助けを考え、日々試行錯誤しながら子どもに接し

てきました。わが子とのコミュニケーションが成立した時、ことばのやり取りが成立した時の達成感は、とても大きなものでした。

繰り返しになりますが、私は子育てほど創意工夫が必要な仕事はないと思います。いつか、この子育ての経験を活かし、子どもの療育に関わる仕事をしたいと思っています。大学入学当初の夢「自分の経験を活かした仕事をすること」――これは今でも私の夢であり、目標でもあります。

◆司法福祉の分野から

家庭裁判所調査官
——司法領域における福祉的関わり

上田　裕太郎

静岡家庭裁判所浜松支部
家庭裁判所調査官　二〇一一年卒

家庭裁判所に勤務する福祉の仕事と聞いて、少しイメージしづらい方もいると思います。伊坂幸太郎の本『チルドレン』など、この仕事を題材とした作品を手に取ったことのある方は、耳にしたことがあるかもしれません。家庭裁判所調査官（以下「調査官」という）は、全国の家庭裁判所に置かれ、裁判所という法律の世界において、心理学、社会学、社会福祉学、教育学といった行動科学等の専門的な知識や技法を活用して、家庭内紛争の解決や非行少年の立ち直りに向けた調査活動を行っています。

家庭裁判所で扱う事件には、大きく分けて少年事件と家事事件があり、日々それぞれに悩みや問題を抱えた方が裁判所を訪れます。問題を解決するにあたっては、法律的に白黒つけるだけではなく、少年事件であれば非行の背景にある原因を明らかにし、家事事件であれば家庭内の紛争に至ったこれまでの事情、当事者それぞれの思いに目を向けて、全体のバランスや当事者の納得を確保する必要があります。調査官は、調査で得た情報をもとに、ケースそれぞれの将来を見据えながら、援助、調整を行うなどして、その結果を調査官の意見を付した報告書にまとめ、裁判官に提出し、家庭内の紛争解決や少年の処遇決定に貢献しています。

大学在学中の私

看護師をしていた母の影響で、専門性を生かして人と関わる仕事に憧れを持っていましたが、入学当初は具体的に将来を考える余裕がないまま、目先の講義やレポートの提出に追われる日々を過ごしていました。ゼミが始まると、自分の興味や課題に沿って学びを深める機会が増え、非行少年の立ち直りについて学ぶ中で、初めて調査官の仕事を知りました。非行を犯した少年やその保護者にとって重要な局面に、調査官が専門性を活かして携わっていることを知り、この仕事についてもっと知りたいと思ったのです。また、法律学の講義でも、少年審判手続について学ぶ機会があり、家庭裁判所に付与されている福祉的・教育的機能の意義や、それを担う職種として調査官が配置されていることを知りました。

その後、社会福祉現場実習を児童養護施設で経験したことが、自分にとって大きな転機でした。実習が始まるまでは不安もあったのですが、これまでの学びが現場で活かせたこと、現場でしか得られない気づきがあると感じたことから、フィールドワークに積極的に取り組むようになったのです。三年生の時、非行少年の立ち直りを支援する学生ボランティアに入会し、少年やその保護者が参加する親子合宿や公園清掃活動などに携わり、調査官の仕事に直接触れる機会がありました。調査官が、少年の熱心な取り組みを評価し、肯定的な声かけをしているのを見て、調査官は非行の原因を探るだけでなく、少年が持つ強みを引き出す仕事でもあるのだと実感し、調査官になりたいという気持ちが強くなりました。そして、裁判所職員採用総合職試験（家庭裁判所調査官補）を受け合格し、二年間の研修を経て、調査官に任官しました。

少年事件における職務

調査官に任官して五年目となり、現在は少年事件を担当しています。少年事件では、少年や保護者に調査を行い、事件を起こした動機や経緯、家庭の状況、これまでの生い立ちなどについて情報を収集します。少年の性格や行動傾向を深く分析するために心理テストを実施したり、多角的な情報を集めるために家庭や学校を訪問したりもします。

また、調査では、単に情報を集めるだけではなく、なぜ事件を起こしてしまったのか、これからどうすれば立ち直れるか、面接を通して少年や保護者と一緒に考えたり、学校、児童相談所、保護観察所、弁護士など関係機関と連携を取ったりしながら、再非行を抑止するための土台作りをします。さらに、必要に応じて、少年をボランティア活動に参加させ、社会の一員である自覚を深めさせ、被害者の心情を踏まえ、自分の行為が与えた心理的・社会的な影響を振り返らせるような働きかけもしています。少年やその家庭の問題に焦点を当てて行うこれらの働きかけは、教育的措置と呼ばれています。調査官は、調査や教育的措置を通じて、少年や保護者に変化が見られた点や、新たに見つかった課題等を検討し、再犯を抑止するためにはどのような処遇を選択するのが相当か、意見を付して、裁判官に報告します。

家庭裁判所に来る少年たちは、事件を起こした当時、自分の生活や行動を十分に振り返る機会がないまま過ごしている場合がほとんどです。そのため、事件が家庭裁判所に係属（取り扱うこと）し、調査官がさまざまな情報収集や働きかけを行っていく中で、時にケースが大きく動き、少年や保護者の態度や姿勢に良好な変化が見られる場合があります。そうした場合には、改善に向けた意欲、決心を今後も維持できるよう、本人たちの気づきを大事にしながら、必要な助言や指導を行うようにしています。継続的な指導が必要な場合には、家庭裁判所の決定により、少年院、保護観察所、児童自立支援施設といった処遇機関につないでいくことになります。その際にも、少年と保護者に、残された課題をしっかり共有させることが重要になります。

また、最終的な処分を一時保留し、一定期間、調査官が少年の生活ぶりを観察したうえで、適切な処分を見極める「試験観察」を実施することもあります。試験観察では、具体的な目標や課題を設定し、継続的な面接の中で達成状況を確認し、新たに浮かび上がった課題を少年や保護者と共有し、必要な助言、指導を行うといったプロセスを繰り返し行っていきます。このように、段階式に課題を提示し、分析や評価、働きかけを含めた能動的な観察を要することから、試験観察は調査官が発揮する福祉的・教育的機能が強く期待されている制度といえます。

家事事件における職務

家庭裁判所で取り扱う多様な事案のうち、福祉との関わりが深いものとして、養子縁組の許可、成年後見人の選任、児童福祉法二八条に係る入所措置などがあります。それぞれの事案に即した調査官の役割がありますが、ここでは、調査官が関与することが最も多い、子どもの親権や監護権を巡る調停、審判、人事訴訟（離婚裁判など）手続における調査官の仕事を紹介します。

調停は、裁判官と調停委員二名で構成される調停委員会の進行のもと、当事者（父や母など）の話し合いによって紛争解決を図る手続であり、審判や人事訴訟は、当事者が提出した資料に基づいて裁判所が決定を下す手続です。調査官は、必要に応じて調停に立ち会い、調停委員会に調停の進行に関する意見を述べます。また、調停において当事者間で合意を形成するのが難しい場合や、審判や人事訴訟において裁判所が決定を下すために必要な場合には、裁判官の命令を受けて調査を行います。調査では、当事者から紛争の経緯などを聴取したり、親権や面会交流が争われている場合には、子どもと面接して、生活状況や心情を聴いたりします。

ところで、面会交流とは、夫婦が離れて暮らすことになってからも、一緒に暮らしていない親と子どもが定期的、継続的に交流を保つことをいいます。別居や離婚を経ても、子どもが心身ともに健康に成長していけるよう、面会交流の実施の可否、具体的な方法などを、両親が十分に話し合う必要があります。つまり、子どもの監護を巡る問題においては、両親の事情だけではなく、子どもの心情や今後の成長を踏まえつつ、子どもの福祉に沿った解決を図ることが極めて重要なのです。

子どもは、複雑な思いを抱いていてもそれを抑えて、表面上は明るく振る舞ったり、一方の親を極端に非難したりしてしまう場合があります。大人と違って、置かれている状況を正しく理解し、自分の気持ちを表現するのが難しいためです。そのため、子どもと面接を行う際には、子どもに白黒つけさせるのではなく、率直に感じている不安やこれからの生活に望んでいることなど、一つひとつの発言を大事にし、話す時の表情や態度も観察しながら面接を進めます。さらに、子どもが面接で表現した言葉をそのまま捉えるのではなく、両親の紛争をどう理解し、どのような過程で心情が形成されてきたか、両親や学校等の調査から得られた情報も踏まえて分析します。

時には、両親の主張が対立するあまり、子どもの気持ちが置き忘れられることもあります。痛ましいことですが、それは両親が子どものことを一生懸命に思っていても、事態の複雑さや思いもよらないすれ違いによって、生じてしまうことがあると私は考えています。父母それぞれが抱える困難や思いにも耳を傾けつつ、子どもの声をしっかり届けることで、両親が、紛争の勝ち負けを争うのではなく、子どものために今後の家族のあり方を考えるといった、親としての本来の力を取り戻すことができるよう、気づきを促すようにしています。

仕事のやりがいと今後の課題

問題解決の主体は私たち調査官ではなく、事件を起こした少年やその保護者であり、紛争解決を求めている当事者です。裁判所の外に出れば、少年や当事者にはそれぞれの生活があり、問題を取り巻く状況は日々変化しています。まずは、その人が歩んできた人生に耳を傾け、誠実に受け止めること、そして、調査官が一方的に指示、助言するのではなく、少年や当事者が自発的に気づきを得て、課題に取り組んでいけるよう働きかけることが大切だと思います。これらは、クライエントが持つ強みに着目し、自主的に課題を解決するための能力を引き出すことで、自立生活の実現を図るソーシャルワーカーの役割機能に共通するところがあり、まさしく福祉的な関わりといえます。少年が事件をさまざまな視点から振り返ったり、当事者が子どもの心情に触れたりする機会を手がかりにして、解決に向けた前向きな変化が少しでも見られた時、調査官の仕事は本当に価値あるものだと感じます。

また、家庭裁判所で取り扱う少年事件や家事事件の、法律では割り切れない側面に関与しているという点で、調査官は法と心をつなぐ職種であるともいえます。法的な枠組みを守り、中立公正な立場で向き合うことは、少年や当事者の人権を守るうえで、当然必要なことといえます。そうした法的な枠組みや基本姿勢を踏まえながらも、行動科学等の知見を生かしてケースの問題点や解決の道筋を捉え、少年の更生のためにはどのような処遇が相当であるか、父母や子どもにとってどのような解決が最も適当であるかを考え、調査官としての意見を裁判官に提出します。調査官が作成する報告書は、裁判官の決定の一端を担っているものであり、重要な資料といえます。法的な判断と行動科学等の知見による見立てを結び付けつつ、調査官としての意見を形成することはとても難しいことです。しかし、こうしたことに調査官の存在意義があり、やりがいや責任を感じています。

新たな一歩を

読者の方は、今どのようなことに興味を持っていますか。私は、人と関わる仕事がしたいという漠然とした考えから始まりましたが、大学での学びや学生ボランティアを通じて調査官の仕事に触れた時は、「やりたい仕事、見つけた！」と期待感で胸がいっぱいになったのを覚えています。調査官になった後、うまくいかなかったり、悩んだりすることは何度もありましたが、調査官の仕事を知り、自分の仕事にしたいと心に決めた時の期待感が今でも残っていて、自分を支える原動力になっています。

　福祉の現場には、さまざまな分野や職種がありまます。何かに興味を持ち、取り組んでみたいと思うことがあれば、その気持ちを大切にしてほしいと思います。自分を信じて、ぜひ一歩を踏み出してみてください。

犯罪被害相談員として働いて

木村　夏海

公益社団法人被害者支援都民センター
犯罪被害相談員　二〇一〇年卒

多くの人々にとって「犯罪被害」は無縁のもの、「今日、自分が犯罪に遭うかもしれない」「明日、自分の家族が犯罪によって命を落とすかもしれない」と考えることはまずないでしょう。犯罪被害とは、ある日突然、悪意をもった他人の手によって、人生を一変させられてしまうということです。被害者は、事件による身体的・精神的な苦痛、経済的な負担を抱えながら、慣れない司法手続に翻弄されていきます。

日本では警察、検察、弁護士会、市区町村、病院などさまざまな機関がそれぞれの立場での犯罪被害者に対する支援を模索し、取り組んでいます。これまで社会福祉の領域では、犯罪被害者支援はあまり馴染みがなかったかもしれません。しかし、ソーシャルワーカーの知識、技術は被害者支援に直接的に寄与するものだと実感していますし、また、従来の社会福祉の領域においても犯罪被害者支援に関する知識は役に立つのではないかと考えています。

学生時代を振り返って

私は大学に進学する際、司法福祉に興味があったこともあり、司法福祉を専門とする教授のいる上智大学を選びました。四年間の学生生活では、児童福祉や障害者福祉など一通り福祉各分野の必修科目を履修しましたが、自分の関心分野を除いて国家試験や単位取得のための最低限の勉強しかしていなかった面がありました。このことは就職してから大いに後悔することになりました。現在の仕事では、司法に関することだけでなく、児童、障害、貧困、女性など各福祉分野に関する一定の知識が当然必要になります。社会福祉士の資格を持って働くことは、福祉分野に関する最低限の知識を持っていることが最低限の責任だという当たり前のことを、社会に出てから痛感しました。

学生時代は基礎的な理論より、専門的な内容や臨床的なことを学びたいと思っていましたが、対人援助を行ううえでの基本的な倫理や考え方を学べたことは非常に貴重で、現在の仕事をするうえでの基盤になっていると感じます。支援をしている中で判断に迷う場面が度々あります。そのような時に、最終的な判断の指針になるのは倫理や理論であり、一貫した支援を行っていくためにはぶれない基盤があることはとても重要なことだと思っています。

また、社会福祉現場実習を通して、現場に身を置き福祉を実感したことも貴重な経験でした。実習先でお世話になった職員の方々の仕事に向き合う姿勢、利用者との関わり方、福祉や社会に関するお話などは大変勉強になり、今も折に触れて思い出します。

被害者支援との出会い

私は司法福祉に興味を持っていたものの、大学の授業を通して学ぶまでは犯罪被害者支援という分野があることを知りませんでした。その後、ゼミで被害者支援都民センターを訪問し、四年次に同センターで二〇日間現場実習を体験することになりました。

実習では、センターの中で相談員の日々の動きを見ながら、事例検討会や研修会に参加し、警察署や裁判所などに赴き、自助グループで被害者の方の生の声に触れました。初めて傍聴した裁判での戸惑いや不安、初めて目の前で被害者の方の話を聞いた時の衝撃、そして無力感は、忘れることができません。同時に、「なぜこんなに支援がないのか」と強い衝撃を受けました。学生だった私の未熟な考えですが、「なぜこんなにも困っている人々がいるのに、支援の制度はないのか。事件や事故は社会の問題であるのだから、その被害に遭った被害者の回復支援は社会が責任を負うべきだ」と思いました。その時の「なぜ」「おかしい」という気持ちが、この仕事に就いた原動力の一つになっているのだと思います。

被害者支援都民センターと犯罪被害相談員

私が勤務する公益社団法人被害者支援都民センターは、東京にある犯罪被害者支援を専門とする民間支援団体の一つです。主に、殺人、強盗、性犯罪、傷害、交通事故などの被害に遭われた方々やそのご家族のサポートを行っています。業務内容は電話や面接による情報提供やカウンセリング、裁判所などへの同行支援をはじめとする直接的支援、自助グループの運営、広報啓発、調査研究などになります。近年の傾向としては、年間約六〇〇〇件のうち、約半数が性犯罪であり、次いで多いのが交通事故と殺人事件の相談です。現在、一六名の職員（うち臨床心理士六名）が被害者に対する相談支援にあたっており、ケースに合わせて複数の職員がチームになり、支援にあたっています。

私は犯罪被害相談員として、日々被害に遭われた方や犯罪により家族を亡くされたご遺族の方々にお会いしています。犯罪被害相談員とは、犯罪被害に遭われた方々、犯罪により家族を亡くされた方々に対して相談と支援を行う、公安委員会指定の職員です。被害者は事件発生後、刑事手続の経過や心身の状況に合わせて、警察、検察、裁判所、弁護士、病院、役所などさまざまなところと関わります。しかし、被害者にとってこれらの機関との関わりはその機関の役割が限られているため、その関係も限られた期間のものとなってしまう場合が非常に多いです。また、刑事手続は、司法機関が事件を調べ、加害者を特定し、犯罪行為に見合った刑罰を決めるもので、被害者の回復のためにあるものではありません。犯罪被害相談員は、そういった経過の中で一貫して被害者に寄り添い、これらの機関とも連携をしながら中長期的な支援を行っています。状況によって変化する被害者のニーズを把握し、見通しを立てて支援をコーディネートすること、必要な情報を必要な時期に提供すること、各関係機関と連携調整し、被害者に同行したり付き添いを行ったりすることが主な役割になります。

刑事手続のサポート

犯罪被害相談員の特徴的な業務は、刑事手続のサポートです。多くの場合、被害者は事件直後から刑事手続の流れに否応なしに乗せられます。刑事手続には法律上の制限が存在し、避けたくても避けられないこと、望んでもできないことや時間の制限があります。事件後の精神状態や生活の変化の中で、慣れない刑事手続に臨むということは大きな負担を伴います。

被害者にとって刑事手続はただ負担がかかるものということだけでなく、被害者が適切な支援を受けて刑事手続を乗り越えることは、回復の一助になるということを何度も見てきました。手続の中で被害者が適切な配慮を受けられるように、限られた選択肢の中でも自分の希望に合うものを選べるように、「知らなかったからできなかった」「この時ならできたのに」ということを極力減らすために、サポートをしていきます。刑事手続の内容自体に関わることなく、被害者が刑事手続を乗り越えるためにいるのが犯罪被害相談員だといえます。

犯罪被害相談員として働いて

犯罪被害相談員の仕事は、「楽しい」とは到底表現できないものだと思っています。事件は筆舌に尽くしがたいような残忍で残酷なものも少なくありません。裁判では、現実とは思えないような凄惨な内容を相談員も見聞きし、犯罪被害相談員自身の安全感や社会や人に対する信頼感が揺るがされることもあります。また、被害者の嘆き、悲しみ、怒り、恐怖といった強い感情に日々接し続けることで、精神的な疲労を感じることもあります。また、相談員として具体的にできることは限られており、無力感は常にどこかにあります。被害者の置かれるあまりに理不尽な状況に、解決できないやるせなさと憤りを感じることも度々です。

ある意味で、二次受傷（被害体験等の話を聴くことで生じる被害者と同様の外傷性ストレス反応）はつきものの職場といえるでしょう。バーンアウト（心身のエネルギーが低下すること）を防ぎ、質の保たれた支援を提供し続けるためには、犯罪被害相談員個人の自覚も大切だと思いますが、支え合う職場環境は重要です。判断や対応に悩んだ際に助言を求められる、問題が発生した時に助けてくれる、そういった上司や同僚への信頼感は犯罪被害相談員として働く自分の大きな力になっていると感じます。

起きてしまった犯罪被害をなかったことにはできませんし、亡くなった人は戻ってはきません。私たちの仕事は、被害者が「それでも前に進むため」にあると考えています。被害に遭われた方々が回復するため、自身の生活を取り戻すため、刑事手続を乗り越えるために犯罪被害相談員ができることはあると感じます。相談員として私はまだまだ未熟ですが、被害に遭われた方々に真摯に向き合い続けたいと思います。

社会福祉と犯罪被害者支援

被害者支援都民センターには、現在二名の社会福祉士が勤務しています。他の民間支援団体でも、ソーシャルワーカーの数は決して多くはありません。

犯罪被害を受けたことにより障害を負う人、これまでどおりに介護や育児ができなくなる人、経済的基盤を失う人など、被害後に福祉制度を利用するようになる人も多くいます。また、被害前から福祉制度を利用してきた人々の中には、被害によってその利用方法を見直す必要のある人もいます。全ての被害者に福祉サービスが必要なわけではありませんが、福祉的な介入を必要とする人は確実にいるのです。また、対人援助の基本姿勢や技術、関係機関との連携など、社会福祉と被害者支援は共通する部分が多く、犯罪被害相談員としての業務に社会福祉学科で学んだことやソーシャルワークは活かせると思います。

被害者支援におけるソーシャルアクション

被害者支援はマクロな視点で見ると、被害者のための支援制度が年々拡充され、社会的認知度が徐々に高まるなど、変化を続けている領域でもあります。日本の犯罪被害者支援の歴史は、諸外国に比べると非常に浅いものです。被害者のための最初の立法化は、昭和五五年、犯罪被害者に対して国が給付金を支給する「犯罪被害者等給付金支給法」が制定されたことに始まります。平成に入って、精神的支援の必要性が強く求められるようになり、全国に被害者支援を目的とする民間支援団体が設立されていきました。

そして平成一七年、犯罪被害者等の権利利益の保護を図ることを目的とした「犯罪被害者等基本法」が公布されました。それから今日までの一〇年あまり、刑事訴訟法をはじめとするさまざまな法律が改正され、少しずつ被害者の権利が保護されるようになり、多くの機関が犯罪被害者支援に関わるようになりました。しかし、まだ十分に制度や環境が整ったといえる状況ではありません。どこの機関でも被害者支援の予算や人材はまだまだ不足しています。社会での認知度は徐々に高まってきていますが、被害者支援があることすら知らない人も多くいます。

それでも、少し前に「砂漠に水を撒くようだ」といわれていたことが、「砂漠でも水を撒き続ければ花が咲くのだ」と、確かな変化を随所に感じています。被害者支援は新しい分野であるがゆえに、被害者のために必要とされる制度や支援体制が新たに構築される現場に関わることもでき、社会を変えていく「面白さ」と「やりがい」を感じることもできます。一〇年後の将来、被害者支援の分野がさらに発展していること、被害者を支える制度が拡充されていること、何よりも被害者が多くの支えを受け、平穏な生活を取り戻しやすい社会になっていることを固く信じて、そのために今日の仕事に取り組んでいます。

ソーシャルワーカーの新たな活躍の場

被害者支援の仕事に就いて九年になりますが、まだ私にはソーシャルワークについても被害者支援についても見えていないものがたくさんあると思います。ただ、今思い返せば、学生時代に目の前にあったもの全てが必要なものだったと感じています。一見自分の進路とは異なるような科目も、必要だから存在するのであって、学生の間に自分で枠を決めてしまうのは、あまりに生意気でもったいないことでした。知識は必ずや助けになります。そして、学生時代の社会福祉学科の友人はかけがえのない存在です。学科の友人に会うと、頑張っている姿に刺激と元気をもらい、「また明日から頑張ろう」という気持ちがわいてくるように思います。自分の職場以外にも、ソーシャルワーカーの仲間がいるというのは学生時代に社会福祉を学んだ人たちの強みです。

今ソーシャルワーカーの活躍の場だとは認識されていない分野であっても、ソーシャルワーカーの知識と技術が人々の役に立つ分野はまだまだたくさんあるのだと思います。新しい活躍の場を開拓していくのもまた「ワクワクすること」ではないでしょうか。柔軟でエネルギーに満ち

たみなさんの芽がさまざまな場所で花開くことを
願っています。

◆こんなところにも福祉の卒業生！

風を生む

片岡　亮太

和太鼓奏者・パーカッショニスト
二〇〇七年卒

僕のミュージシャンとしての歩みの原点は社会福祉学科での学びにあります…　こんな話を聞いたら、どれだけ多くの人の頭の中に疑問符が浮かぶだろう。演奏もする音楽療法士を目指すようになったのか。福祉は向いてない、音楽が自分の生きる道だと気づき、授業に出ないで音楽に打ち込んだのか。福祉施設を巡って音楽を届ける人になろうと思ったのか。色々と想像を膨らませてくださるかもしれないし、あるいはとてつもなくでたらめな思考の持ち主だと思われるかもしれない。けれど、僕にとっては社会福祉学を勉強した先に音楽家としての世界が広がっていたのです。

思い付きが全ての始まり

三年次に履修していたO先生のゼミでのこと。「この話を、自分たちだけが聞いていていてはいけない！」という強い思いが、唐突に僕の心を埋め尽くしました。ゼミでは当事者運動について学んでおり、主に障害の分野で活動されている複数のセルフヘルプグループの代表の方々からお話をうかがっていました。社会への働きかけと啓発のための発信を長年行い、障害のある人たちの権利保護や生活の質の向上のために活動してこられた方々の言葉は、どれも胸を打つ重みと説得力、熱い思いに満ちていました。彼らが語る言葉に耳を傾け、心を寄せ、理解する人が増えていったなら、社会に内在化された障害への偏見はもちろん、共生社会の妨げとなっている種々のバリアも消えていくはずだとさえ思えました。けれど、それだけの力を内包した言葉は、だからこその灰汁の強さや聞きづらさも同時に持ち合わせていると僕には思えたのです。当時の僕たちのように積極的な学びの姿勢を持っていなければ、直視しがたいものであるように感じられました。

一般社会は、社会福祉や障害に対して興味や関心を持っている人ばかりで構成されてはいません、むしろそうでない人のほうが多いでしょう。そういう人たちに届き、共感を得られるメッセージを送っていかねば、本質的に世の中は変わっていかないし、社会福祉の理念が定着し実践されていくことも困難なのではないか。であるならば、まず入り口として、社会福祉とは異なるフィールドから誰にでも届きやすい言葉で発信できる存在が必要になるはずだ。今思えばあまりにも短絡的な論理ではありましたが、このように考えた僕は、自分自身がその役割を担おうと決意したのです。

幸いなことに、僕は弱視で生まれ一〇歳で失明した全盲の視覚障害当事者でしたし、幼少期から演奏活動をしていた和太鼓でプロになりたいという淡い夢を抱き始めてもいました。さらに、所属していたサークルの活動や授業の中で、時おり障害当事者としての自分について語る機会を与えられており、失明体験や障害者としての日常について伝えることが全く苦になりませんでした。むしろ大きな充実感を得てさえいることに気づいていたため、言葉でのアウトプットを仕事の一部とすることにも興味がありました。プロの音楽家として舞台に立ち、演奏だけでなく、実体験や知識に基づいた障害や福祉の話、率直な社会への思いを伝えていく。そんな仕事ができたら、とても自分らしい生き方ができるだろうと考えたのです。きっと僕なら社会福祉に目を向けるきっかけの存在になれると信じていました。

確信に導かれ音楽の道へ

当然ながらこの突拍子もない考えに、家族は猛反対。ソーシャルワーカーとして主に重度重複障害のある方やその家族の支援をしたいと志を持ち、社会福祉学科へ入学していたので、「お前は人のことより、結局自分を優先するのか」と落胆されたことを今でもよく覚えています。友人や先生方からも冗談だとしか思われていませんでした。四年次の社会福祉現場実習では、卒業後は福祉職に就くつもりだろうからと、職員の方々が就職について親身にアドバイスをくださるなかで、黙っていることがいたたまれなくて、正直な構想を打ち明けざるを得ない状況にもなりました。その際、「現場に向いていると思っていたからすごく残念だ。考え直さないか?」と説得もされました。学内での実習スーパービジョンをしていただいていたI先生からは、もしも考えたとおりの道が歩めなかった時、研究の道という選択肢を残しておくためにも卒業論文は書いておいたほうがいいと強く勧められ、論文完成までサポートしていただきました。

このように僕の選択はかねてからの自分の目標を曲げるだけでなく、周囲からの応援や期待に背を向けるものでもあったのです。さらに、僕は上智大学にとって十数年ぶりに入学した視覚障害のある学生だったので、四年間の学習を充実させるために、当初より多くの方から支えていただいてもいました。それなのに、一見すると全く関係のない道を進もうとしていることに胸が痛んだし、申し訳なさを感じていたことも事実です。しかしながら、当時の僕にはこの選択こそが僕なりの、そして僕だからこその福祉の実践なのだという確信がありました。その思いを伝え、両親をはじめ周囲からの理解を得たうえで、二〇〇七年春の卒業と同時に、僕は地元静岡県三島市を拠点にプロの和太鼓奏者・パーカッショニストとしての歩みをスタートさせたのです。

独自性を武器に！

あれから約一〇年、ご縁のあった観光スポットでの演奏から始めた僕の活動は、さまざまな出会いと経験を経て、演奏、講演、指導等を年間でおよそ一〇〇か所、日本全国はもちろん、時には海外でも展開するまでに成長しました。その中には、音楽に特化したコンサートやライブだけでなく、地域、企業、学校を対象に行われる障害、人権、共生社会、社会福祉等をテーマとした講演を交えた舞台、大学や専門学校での特別講義、保育園や幼稚園、視覚・聴覚特別支援学校でのワークショップや定期的な指導等、さまざまなものが含まれています。時にはテレビ、ラジオ、新聞などのメディアで取り上げていただくこと、雑誌などへの寄稿をさせていただくこともあり、音楽と言葉を通してさまざまな発信をしている毎日です。

二〇一四年には地元の視覚特別支援学校の評議員に、また二〇一七年には都内の視覚特別支援学校の音楽科非常勤講師に就任したことで、一障害当事者として、あるいは表現を専門とするものとして、学校のさまざまな活動に対する意見を述べたり指導をする活動もさせていただいています。また、精神障害や知的障害のために社会的、経済的困難が生じ地域での生活ができずにいる方たちが入所している救護施設にて、音楽療法と称したミニコンサート開催や利用者の方が続けておられる和太鼓演奏への指導、各地での公演の際、近隣の福祉施設へ慰問演奏という名目で足を運び、演奏を聴いていただくことも行っています。

このような活動を支えている要素の一つは、僕が持つさまざまな独自性です。まずは演奏スタイル。一般的には団体で演奏することが主とされる和太鼓の奏者にもかかわらず、もしもプロ演奏家の集団に所属してしまったら間違いなく音楽のみに専念せざるを得なくなり、言葉での表現活動ができなくなるだろうと考え、僕は一切の所属を持たず、セルフマネジメントでソロ演奏を中心とした道を歩むことを選びました。どこにも属さないことで、グループや事務所からのバックアップを得られないというリスクを感じてはいましたが、やりたいことを実現するには身軽な立場でいることが求められると考えたのです。また、単に障害当事者としての自分の経験や思いを語っているだけではなく、そこには一定の知識による裏付けがあることを実証するために、社会福祉士の資格を卒業時に取得してもいました。視覚障害者であり、社会福祉士の資格も持つ演奏家であるからこそ伝えられる音楽と言葉を発信していきたい、そう旗を掲げて活動を開始したのです。このことは、僕の考えとは異なる反響も生み、他の選択肢もあったにもかかわらずわざわざ不安定な職業を選んだ変わり者として、興味を持ってもらえるという効果にもつながりました。それらのユニークなプロフィールの影響もあって、ずいぶん早い段階から思い描いていた活動に手が届くようになったのです。

福祉の技術が縁を絆に

予想以上の速さで進んだ状況に振り回されるのではなく、それを確かな歩みにしていくうえでは、学生時代の学びも大きな助けとなりました。特に対人援助の基本とされる傾聴の技術なくして、僕の活動は成り立たなかったでしょう。圧倒的に舞台からの発信が多い日々の活動ではありますが、子どもたちへの指導の現場だったり、演奏にお越しくださった方とのやり取りや、依頼をくださった方々との打ち合わせなど、会話がベースになる場面も少なくありません。そんな時、相手の声や言葉に寄り添った相槌と適切なフィードバック、声のトーンの調整をはじめ、学生時代の現場実習で教わったことに助けられていることを実感します。

自分よりもかなり低い位置に目線のある子どもたちや車いすを利用されている障害のある方、

高齢者の方と関わる際に、腰をかがめるのではなく膝をついて同じ目線に合わせる、当たり前に身についている感覚ですが、こういったことの一つひとつの積み重ねが、偶然につながった縁を強い絆へと育ててくれるのだと、この一〇年間で実感してきました。その日のお客様の年齢層や雰囲気に応じて言葉遣いや使用する語彙を変化させる意識も、基礎となっているのは実習時の学びと経験です。当初想像していた以上に、在学中に身につけたさまざまなスキルと音楽家としての活動は強くリンクしていました。

音楽家だからできたこと

当初は、社会福祉士有資格者であり、障害当事者でもある僕の存在や、活動の中で語る言葉そのものが啓発の意味を持ち、障害のことやバリアフリー、ユニバーサルデザイン等の概念について、一人ひとりに理解をしてもらうことが目的だったし、それ以上のことはできないと思っていました。しかし最近は、ソーシャルアクションと自分の活動が結びつくことが増えてきたのです。たとえば、過去に演奏の依頼をお引き受けした団体の方から「視覚障害児の教育に役立つ活動をしたいのだけれど、何をしたらいいのかわからない」と相談を受け、地元の視覚特別支援学校との仲介をさせていただき、その結果タブレット端末を複数台寄贈していただくことが決定しました。

また、地元三島市やいくつかの地域では、公演の中で語ったことがきっかけとなり、市内の公共施設のトイレ等に点字のシールが付与されました。その他にも、定期的に演奏に伺っていた救護施設では、僕が演奏し利用者さんと交流することで、施設内での暴力や暴言などの行動が明らかに減少したという報告をいただいています。各地の福祉施設でも、いつも無表情の利用者さんが久しぶりに笑った、何事にも無反応だった方が太鼓に合わせて手をたたいていたというようなことがよくあり、福祉の現場においても、独自の方向から利用者の方々の生活に貢献できうることを実感しています。これらはまさに、僕が音楽家という立場に立っていたからこそ与えられたチャンスと、社会福祉とがつながった結果生じたことであり、形は違えど、入学当初に希望していた生き方とも結びついています。

終わらない戦い

ただ、実績や経験を重ね、評価を得られるようになったからこそ改めて考えなければならないこともあります。それは、舞台に立つ障害当事者への先入観についてです。活動開始当初から感じていたことではありますが、僕の存在は、ともすれば「突然の失明による苦難を受け止め、乗り越えながら、明るく前向きに生きる青年」という感動物語の主人公のように語られてしまいます。そして、そのような話を求める風潮が日本にはあまりにも多いのです。プロの舞台人としては、もしかするとそのニーズにこたえることも必要なのかもしれませんが、それでは障害のある人はかわいそうだ、不幸だというネガティブな障害者像や偏見を助長しかねないし、「あの人は障害があるにもかかわらず頑張っていてすごい」という印象だけを与えてしまう危険性もあります。そんな時間を作り出してしまったら、聞いてくださった方にとって、その日に見聞きしたことや種々の社会の問題と自分自身とが結びつくことはなく、異世界の出来事として片づけられてしまうでしょう。

それでは意味がありません。僕の経験や言葉というフィルターを通して、社会について考え、差別や偏見、さまざまなバリアについて思いを巡らせ、どうしたらそれらを打破できるのか、共生社会の実現のために、今自分にできることは何なのかを自然と思考し、行動できる、そのきっかけを作り出せてこそ、僕の活動に価値が生まれるのです。そのためには、いかに障害者である自分を切り口にしながら、社会福祉にまつわるエピソードを踏まえつつ、聞いてくださる方に響きうる言葉とメッセージを伝えるか、その人の明日に変化が起きうる話ができるかを追求することが不可欠です。もしかしたらそれは、社会が抱く「障害のある音楽家」の姿とは異なるかもしれないし、そのことが活動の展開を妨げることもあるかもしれません。けれど、心から思うことや日々考えていることを、丁寧に言葉にし伝えていくことが自分に与えられた使命なのではないかと考えています。

言葉を通して意味ある発信をするために、音楽の質への厳しさを忘れないことも重要です。演奏と言葉で表現を続けている僕の活動は、時おり中途半端であるという烙印を押されます。福祉がやりたいのか、音楽をやりたいのかがわからないと称されるのです。また、僕の演奏を未熟と捉える人の中には、それが僕の障害ゆえであり、周囲や周囲への甘えが原因であると考える人もいます。インターネット上の匿名の書き込みでこのような意見に触れた時には、あまりの悔しさに涙も出ませんでした。しかしながら、この感想を生み出したのはまぎれもなく僕の音楽です。世界中が認める一流のミュージシャンであるスティービー・ワンダーやレイ・チャールズ等の音楽は、唯一無二の独創性と、一切のスキがないほどの実力を持っていたからこそ評価され、多くの人の心を打ったのであるし、彼らの言葉は人や社会を動かせるだけの力を持てるのだと思うのです。僕がもし音楽の世界に軸足を置いたうえで言葉での発信もし続けたいならば、障害者であることや、社会への思いを措いてなお、一人の音楽家として周囲を納得させられるだけの力を身につけ、向上させ続けなければ、誰の心にも届かない活動にとどまってしまいます。これは表現者である限り、終わることのない戦いです。

風を生む

妥協しない音と言葉を、聞いてくださる方の心に真っすぐ届く力で発信する、それが目指す表現のあり方です。しかしそう思えば思うほどに、僕の心は恐れに近い感情に支配されます。そんなことを僕にできるのだろうか、そしてそれをこの先何十年も続けていけるのだろうか、もしできたとしてそこに、社会的な価値や意味は生まれるのか。考え出したら苦しくなります。

けれども僕は信じています。自分が選び、作り出す道への覚悟と愛情を忘れず、挑戦をし続ける中で発せられる表現には大きな力が宿ることを。そして、それを受け止めた人の心には、まるで静かな水面を波立たせるような風が生ま

れることを。その風はエンターテイメントの世界だからこそ巻き起こりうる風であり、人の生活や社会をも動かしうるものであると。僕はいつか、そんな風を生み出す表現者になって、さまざまな違いを内包する社会の中で、誰もが明日を信じ、生き続けようと思える勇気を持てる社会の実現に寄与したいのです。一〇年間の歩みに思いを馳せ、未来を見つめている今、僕の心にも力強い風が吹いています。その風が、この文章を読んでくださっている方の心にも生まれていますように。

「他者のために、他者とともに」
——福祉の思想が未来を変える

椎名　勇太
キャリアコンサルタント・講師
二〇一一年卒

商学部に通う男、福祉の道へ

「生きるってなんだろう?」「人生ってなんだろう?」そう思い始めたことが上智大学に編入するきっかけでした。将来世界を舞台に人もお金も巻き込んで大きなビジネスを動かしたいとの夢があり、その夢に向かってビジネスと関係の強い学問を学びたいと大学の商学部に在籍していました。ところが大学三年次に上智大学の社会福祉学科に編入します。

方向転換にはそれなりの理由がありました。父親が重い病を患ったのは一九歳の時。日に日にやせ細り、ベッドで弱々しく横たわる姿を見て、やるせない思いがこみ上げてきました。そして二〇歳になり、今度は無二の親友が事故で急逝します。人間なんて、いつ死ぬかわからない。一日一日を全力で生きなければ絶対後悔する。やれることを、今やろう。そんなことを頭の中で思いめぐらすうちに冒頭の疑問が湧き上がり、お金の豊かさよりも、生活の豊かさを目指すべきだと心の中に新しい志が芽生えます。これからは人が人らしく人生を全うし、その人らしく生きるために必要なことを学びたい、そしてそこで学んだもの、身につけたものを社会に還元し一人でも多くの〝生きる〟を支えていきたいと考えるようになりました。

それからは普段の学業の合間を縫って、自ら専門書を買って福祉について勉強したり、全国の福祉を学べる大学について教育理念やカリキュラムを調べたり、各大学に所属する先生方の福祉についての考えを知るために、直接手紙を書いて自分の福祉についての気持ちを伝えるとともに、ご意見を聞いたりと必死に情報収集を行いました。いくつかの大学、先生方からお手紙の返信をいただいたのですが、なかでも上智大学のＩ教授から「あなたの熱い気持ちが伝わった。あなたみたいな学生は上智大学で学ぶべき」との激励の言葉をいただくとともに、三年次の編入試験のことを教えてくれました。もともと上智大学の建学の精神「Men and Women for Others, with Others」に強く共感していたこともあり、上智大学で学びたいと編入の意思を固め、一年間の猛勉強の末、上智大学の社会福祉学科三年次編入試験に合格することができました。

福祉のイメージと現実

実際に三年次に入学すると、待っていたのは圧倒的な授業量でした。来る日も来る日も朝から夜まで講義の連続でした。というのも、三年次編入となると一年～二年までの本来取らなければいけない必修科目も卒業までの残り期間で取らないといけません。そのため、各学年に混じって倍以上のスピードで単位の取得に励みました。時には、講義の連続による疲労と集中力の欠如から、だらけてしまいそうになることもありましたが、編入試験を一緒に突破し入学した仲間や学年の垣根を越えて仲良くしてくれた先輩や後輩、同期のおかげで乗り越えることができました。

上智大学で学ぶ福祉の勉強はどれも新鮮で刺激的、今まで独学で学んでいた時には気がつかなかった新しい発見や学びがたくさんあり、とても充実した時間だったと振り返ってみて強く思います。なかでも、ゼミに所属していたT教授の「福祉こそ人間の根底であり、クリエイティブな学問である」という話を聞いた時の胸の高まりは忘れもしません。今、学んでいる福祉という学問の可能性が一気に広がった瞬間でもありました。

こうして刺激的な毎日を送れていたのですが、ふと疑問に思うこともありました。それは周りの学生の姿勢でした。私自身、入学当初から周りの同学科の学生は非常に真面目、ネガティブに捉えるならばおとなしすぎる印象がありました。それは学校や学部・学科の傾向もあるのでしょうが、外部から来た私からすると少し違和感があることも事実でした。また、全国的にも福祉を志す学生は静かで優しい子が多いということもよく耳にしていたので、納得する部分もあったのですが、どこか煮え切らない思いがありました。社会福祉学科の学生は静かで、優しくて、おとなしい、将来もどこかの施設の職員や県や市の職員として公的サービスを提供するのだろうという従来からの周りの凝り固まったイメージを覆してやりたいとの思いがふつふつと湧いてきました。福祉の概念を変えたい、周囲がイメージするような社会的な弱者を救うものが福祉であり、何かあった時の福祉として捉えてもらうだけではなく、福祉は人が人として生きるうえで必要不可欠なもの、身近な存在であることを自らの活動で証明していきたい、福祉という尊い学問を学べているのだからこそ、自分からもっと積極的に誰よりも熱く学内にも学外にもアピールしていきたいとの思いから、ただ学ぶのではなく、自分からアクションを始めました。

それが、社会貢献活動としての途上国の飢餓撲滅と先進国における肥満防止・健康寿命延伸プロジェクトでした。もともと福祉とビジネスの両面を勉強している私だからこそできる、既存の概念に捉われない新しい福祉の形を模索していたなかで出会い、インターンしていたNPO法人のTABLE FOR TWO Internationalが行っていた事業活動（健康を意識した低カロリーのメニューを学校の学生食堂や企業の社員食堂と開発、採用し、提供する際には料金の二〇円分がアフリカの支援国の子どもたちの給食代として充てられるという仕組み）がありました。それを学内の学生食堂にも採用しようと、誰でも気軽にできる慈善活動の実現を目指して、一人でメンバー集めから学校や給食会社との交渉、学内への周知活動も行ってきました。

結果として、私が在学中に試験導入を実現し、五〇〇食以上の給食をアフリカに届けるだけでなく、その後も学生の意欲的な取り組みが評価され大学への正式導入が決まり、現在も継続的に行われています。この活動を通じて、福祉とビジネスの融合の可能性を感じるとともに、福祉で学んだことの社会への汎用性や福祉の持つ新たな可能性を感じ取りました。ちなみに、卒業論文も自身が長期的にインターンで事業に携わっていたNPO法人での経験や学内の活動から興味を持っていた福祉とビジネスの両立、ソーシャルビジネスをテーマに執筆・発表しました。これも今思えば、この時からつながるものだったのだと思います。

何のために働くか

学生生活を終え、いよいよ社会人へという時です。私が社会に出るにあたって大切にしていたポイントは三つありました。

一つ目に、可能性を限定せず、学生生活で学んだもの・身につけた力を活かせる領域で働くことです。なぜなら学問や経験を通じて福祉という存在の個人の生活や精神的な豊かさを追求する姿勢が、一般社会やビジネスの現場でも共通すると感じるとともに、その過程で学び、身につけた他者を思う力、他者の声なき声に耳を傾け不安や不満を解消する力、社会資源を組み合わせ対象者にとって最適なものを届ける力など、他にもたくさんありますが一例だけでも、社会の舞台で十分に汎用できるものがあると考えていました。福祉という専門的な領域に絞って自分の仕事を選ぶことはせず、広い視野で活かせる領域がないか調べました。

二つ目に、周りが進まない進路にこそ進路をとることを意識しました。なぜなら私の元来の変わった性格からなのかもしれませんが、一〇〇人いれば九九人が進む道よりもたった一人が進む道に魅力を感じるところもあり、進路も同じで、周りが進路として進まないほうを選ぼうと考えていました。仲間の多くが社会福祉士の資格取得を目指し、その資格や専門性を活かし、専門の福祉職に向けて歩みを進めていました。やはり福祉の専門職や公務員が主で、民間企業に進む人が少なかったからこそ、民間企業に進むことで福祉の持つ新しい可能性や福祉人材の可能性をさらに広げていくこと、福祉を学んだ人間も民間企業で大いに活躍できることを自分の生き様を通して証明していこうと思いました。

三つ目に、福祉の道を志した時と同様に、一人でも多くの〝人生〟や〝生活〟、〝生きる〟を支えることができるところで働きたいと考えました。どんな商品やサービスを扱うかは重要視せず、それよりもどんな社会をこれから築いていこうとしている組織なのかを大事にして選んでいきました。

この三つのポイントを意識しながら、総合商社や食品メーカー、日用品メーカーを志望し選考を受け、幸いにもそれぞれから内定を獲得することができました。その中で入社を決意したのは日用品メーカーのユニ・チャームでした。ユニ・チャームは不織布事業を中心とした赤ちゃん用から高齢者用の紙オムツや生理用品、マスクなどを扱う、国内だけでなく世界各国に事業を展開している民間企業です。最終的に決意を固めた理由は社会への貢献度とやりがいでした。世界中の赤ちゃんから高齢者まで、年齢や性別、宗教、肌の色を問わず多くの人に貢献できる商品と事業に魅力を感じ、また日本国内に目を向けても、今後高齢化がますます進む社会に対してのやりがいやその社会的課題から逃げずに立ち向かう企業の存在意義を強く感じました。

その中で、自分の希望も会社側に伝え、入社から五年目まで病院施設営業として高齢者用の紙オムツを全国各地の病院や高齢者施設に対して営業をしていました。ただ営業といっても単に商品を売って終わりではなく、定期的な改善指導を実施したり、看護師や介護士、時には医師にも参加してもらいながら紙オムツの勉強会を企画・運営したり、適正な枚数・価格で対象者に最適なケアを実施できるように提案したりと、いわば紙オムツのコンサルタント業として関わっていました。最初は神奈川県担当として一〇〇軒近くの病院や高齢者施設と関わっていたのですが、入社年数を経るごとに、その対象地域を広げていただき、最後には全国の広域担当として全都道府県チームと連携しながら各地の大型病院施設、全国にまたがる大型法人や企業が所有する有料老人ホームなど約一〇〇〇軒を担当するまでになりました。

数多くの病院や高齢者施設を担当する中で仕事の量も多く大変なこともありましたが、それでも一人ひとりの人生を、紙オムツを通じて快適に充実させていけることにやりがいを感じながら働きました。なかでも病院の職員さんと連携しながら、ある高齢者のリハビリも兼ねて紙オムツを履けるようにと実施したプログラムでは、最終的にはご利用者様が自分で紙オムツを履けるようにまでなりました。そして、排泄の心配が減ったことで久しぶりに故郷にゆっくり帰れたと、直接私の手を握って「あなたのオムツのおかげだ」と涙を流しながら感謝されました。この経験が私の頑張る原動力にもなりました。

入社五年目にはこれまでの功績を認められ、社内の世界大会において社長賞を受賞するまでに成長できました。こうしてこれまでを振り返ってみても、一つひとつの仕事に対して真摯に向き合えたことや一人ひとりのお客様に対して寄り添い、不安や不満・ニーズはもちろん声なき声まで聞き取ったこと、お客様にとって最高・最善を提供するために対象者の状況を正しく理解し、それに合わせて周囲の資源を有効に組み合わせて対応していくことなど、まさに福祉で学んだこと、身につけたことが活かされたと強く思います。

現在、そして未来へ

現在は、目標であったユニ・チャームでの社長賞獲得をきっかけに独立し、キャリアコンサルタント・講師として仕事をしています。具体的には全国の高校や大学でのキャリア教育、就職支援講座や企業の採用支援活動、各種社員研修などをしています。なぜ、今度は〝若者〟や〝働く〟を対象とした仕事なのかと問われれば、大学時代には社会貢献活動で海外の貧困や飢餓と向き合い、社会人時代ではユニ・チャームの一員として紙オムツを通じて高齢者と向き合い取り組んできましたので、新しい福祉の領域にチャレンジしようと考えたからといえます。

今まで着手できていなかった若者に焦点を当て、若者の〝人生〟や〝生活〟、〝生きる〟を支えたいと決意を固め取り組んでいます。特に、これからの時代を担う若者の意識と行動を変えることができれば、日本はもっと元気になる、国のあり方が変わると信じています。これからの日本の発展に寄与できる人材づくりが私の今の目標です。

福祉の充実した未来を創るために

福祉といわれると対象も幅広く、定義をするのが難しいように思います。ですが、私なりに福祉とは何かといわれれば、それは〝よりよく生きる〟、この言葉に尽きると思います。よりよくは人によって解釈も違うと思いますが、その人がその人らしく人生を全うする、安定した生活を送れるようにする、納得した生き方ができるようになる。その一つひとつがよりよく生きるにつながっていて、福祉の充実は社会を構成する一人ひとりの人生の充実だと信じています。

人生は一度きりです。これは私が、亡くなった親友から、そして父から身を持って学んだ大事なメッセージです。だからこそ、自分の人生をもっと真剣に考え一日一日を過ごしてください。まず誰よりあなたがよりよく生きてください。納得する日々を過ごしてください。そして今、目の前にいるあなたの周りの人たちもみな全員が人生一度きりです。よりよく生きてもらうためにあなたの知識や力や気持ちを使いましょう。みなが同じ気持ちでできるようになれば、この国はもっともっと暮らしやすい、福祉が充実したところになるはずです。

そして最後にもう一つ。プライドを持ちましょう。社会福祉を学ぶならそのプライドを持って過ごしてください。大学で学んでいること、学んだことにプライドを持って生きましょう。その一人ひとりのプライドを持った考え・行動が自分に自信をもたらし、相手に安心感や期待を与えます。プライドを持って次の福祉を、次の未来をともに創っていきましょう。それぞれの活躍するフィールドで、福祉の充実した未来を見据え、力を合わせてともに創っていきましょう。

一般企業の人事という活躍フィールド

相澤　香織

ＳＧムービング株式会社　本社管理部人事労務課係長
二〇一一年卒

　私が社会福祉と出会ったのは高校生の時でした。自閉症、アスペルガー症候群、ＡＤＨＤ（注意欠如・多動性障害）、ＬＤ（学習障害）といった「発達障害」の存在を知り、外見などでは判断できず、誰でも少なからず当てはまる部分があるというわかりづらさに興味を持ったことがきっかけでした。書籍や新聞、テレビ番組、インターネット、講演会など、さまざまな媒体から情報収集し、独学で勉強するうちに、発達障害の特性やどのようなところに困難を抱えているかについてはある程度わかるようになりましたが、いくら調べてもそれはやはり机上の知識に過ぎませんでした。知れば知るほど、当事者や支援者と実際に関わる中でより具体的なケースや課題、対応策を確認したいという思いが強くなっていき、大学で本格的に支援について学ぶことを決意しました。

大学での学び

二〇〇七年春に上智大学の社会福祉学科へ入学。ホームページに「社会福祉臨床の実践を担う高度専門職業人の養成にとどまらず、人間らしい暮らしを営むことのできる福祉社会のデザインを描き、具体的な政策立案・運営管理ができる専門家、さらに社会福祉に関する研究者・教育者など、豊かな福祉社会の実現にさまざまな形で貢献する高度な人材の育成を目的」としているとあり、この大学で学びたいと強く思ったからです。在学中は、学科の講義だけでなく関連する心理学や言語学なども幅広く受講し、課外活動でも肢体不自由児・者と遊ぶサークルに所属し、多くの方と交流する中で実践経験を積むことができました。

三年次の五月から七月には、東京都品川区の知的障害児通所施設で社会福祉現場実習を経験しました。実習の前半は、主に集団療育を中心に、施設での一日のスケジュールや通園してきている子どもたちのこと、先生方の動き方などを学びました。遊びの内容・進め方や、先生の言動一つひとつにも重要な意味があることを痛感しました。実習後半では、実際にクラスのある一人の子どもに着目し、ケースファイルや新版ポーテージ早期教育プログラムの資料を閲覧したうえで、集団療育の中でその子の課題に合った関わり方を検討・実践・考察したり、個別療育や心理職・医療職などの専門職による専門相談の様子を見学したりしました。

さらに三年次の七月から一〇月には、東京都北区にある社団法人でも実習を経験しました。こちらの社団法人では、発達障害児・者を対象に、医療事業、療育事業、そして啓発事業（月刊誌や書籍の出版、教材ビデオの発行、専門家や家族を対象にした実践セミナーや実技講座などの開催）といった事業を行っており、就学前の幼児から高校生まで、幅広い年齢層の子どもたちが通ってきていました。療育事業では公共交通機関を利用しての外出練習や買い物、調理、作業、運動、宿泊などさまざまな訓練を実施していて、一つ目の実習先で体験した幼児期の療育の意味合いや必要性を改めて確認することができました。また、啓発事業の一つである、専門家やご家族を対象とした実践セミナーでは、受講者の受付対応をしながら講座もいくつか聴講させていただきました。最新の知識を得られたのはもちろんのこと、受講者の悩みや疑問点も知ることができ貴重な機会となりました。

就職はあえて福祉以外のフィールドへ

実習を終え、改めて卒業後の進路を考えた際に、私はあえて福祉分野ではないところに進もうと考えました。実習を通じて社会福祉の職場で働くことにはとてもやりがいを感じましたが、専門職ばかりの環境は少し特殊に思えたためです。専門職の間では共通認識になっていることでも、世間一般では理解されていないことも多いのではないか。医療・福祉の関係者に囲まれて当たり前のように話が通じる環境ではなく、社会福祉施策がまだ浸透していない分野や課題を抱えているところで、専門的に学んだ者としての力を発揮したいと考えました。こうして、就職活動を開始しました。

当時は、三年次の秋（二〇〇九年一〇月）に就活サイトがグランドオープンし、四年次の春（二〇一〇年四月）に選考スタートというスケジュールで、前年二〇〇八年九月のリーマンショックによる影響のため〝就職氷河期〟の真っ只中でした。それに加えて、いざ選考に進んでみると、企業の面接担当者から投げかけられる言葉は驚きの連続でした。「履歴書に社会福祉学科と書いてあるけど、一体どんな勉強しているの？」と、自分のことではなく学科の勉強のことばかりを珍しがって尋ねられたり、「福祉ってなんか介護？　看護？　わかった、老人の世話をすることでしょ」と言われたりもしました。また「当社では活かせる仕事がない」と門前払いを食らうことも多々ありました。

大学の環境と就活先とのギャップが想像以上に大きく、面接を受けるたびに愕然とする日々でした。私が好きで学んできた社会福祉という分野は福祉施設や専門の機関でしか通用しないものなのか？という疑問がどんどん強くなっていきました。なかなか思うように進まない就職活動はとても苦しく、自問自答と試行錯誤を繰り返す毎日でした。

転機になったのは、就活サイト経由で届いたある企業からの一通のスカウトメールでした。メールを開くと、スカウト理由欄には「あなたの学んだことが活かせる」と書いてありました。正直、まさかと思いました。長期にわたる就職活動の中で、企業からそのような連絡をいただくのは初めてのことでした。よかったら一度話を聞きに来ませんかとあり、早速その企業を訪問すると、人事課長さんが対応してくださいました。そして、「当社は障害者雇用率をまだ満たしておらず、今後受け入れ体制を整える必要があります。ただ、現在社内には知識・経験のある人材がいないため、ぜひとも相澤さんに、大学で学んだことを活かして推進してもらいたいと思っています」と言われました。就職活動を通じて人事の仕事に興味を持っていたこともあり、ぜひ選考を受けさせてくださいとお願いしました。その後、面接や筆記試験など複数回の選考を受け、本社の人事スタッフとして採用されました。

人事の仕事とは

「人事」というと学生時代は採用担当者のイメージが強かったのですが、実際に仕事を始めてみると人事がカバーする業務は非常に多岐にわたることに気づきました。役割としては、「自社が目指すべき経営ビジョンや経営戦略を認識したうえで、それを実現するための具体的な組織・人材マネジメントを描き、実行する」といえます。具体的な仕事としては、以下のように整理できます。

① 人事企画

経営目標を達成するために適切な部門構成、人員配置、採用計画を練り、従業員が能力を最大限に発揮できるような仕組みづくりを行います。役員と話すような機会もあり、〝人〟という切り口から経営の一翼を担っている実感が持てます。

② 採用関連

採用計画に基づいて、必要な人員を採用するための活動を行います。対象者は、新卒や中途採用の方、パート、アルバイト、女性、障害者、高年齢者、外国人などさまざまです。採用手法の検討から、媒体選定、取材・撮影対応、求人原稿の作成、応募データ管理、会社説明会、選考対応、内定者フォロー、入社手続きなど、企画段階から入社に至るまでの一連の対応を行います。普遍的な正解はなく、常に情報収集と改善を行う必要があるところが、この業務の難しさであり、腕の見せ所でもあると思います。

③　教育・研修関連

メンター制度（先輩社員が後輩・若手社員に対して行う支援活動）やジョブローテーション制度（社員の能力開発のために行う、計画的・戦略的人事異動）、職種・職階別研修など、多角的に人材育成の企画立案・運営を行います。研修講師は外部に依頼することもあれば、人事スタッフが自ら担当することもあります。

④　評価関連

従業員のモチベーションアップにつながるような施策や、成果を上げた人がきちんと評価されるための制度構築などを行います。昇降格や給与にも関わるため、公平性、納得性と慎重さが求められます。

⑤　労務関連

社会保険の手続きや、勤怠管理、安全衛生管理、福利厚生業務、給与計算などの業務を行います。法律や社内規程・手順書の内容を十分に把握しておく必要があります。

当社の人事部門は少人数のため、スタッフは①～⑤の全てに携わります。当社に興味を持ち入社してくださった全国の従業員が、仕事で成果を上げ、部下や後輩を指導・育成し、結婚やお子さんの誕生といったライフイベントを経験しながら笑顔で長く活躍される姿を見ること。これが、私にとって一番のやりがいです。

ダイバーシティ推進プロジェクトが始まって

現在の人事業務の中で欠かせないキーワードは「ダイバーシティ」です。ダイバーシティは日本語で「多様性」と訳されますが、ダイバーシティ経営というと、年齢、性別、人種、宗教、学歴、障害、働き方など異なるさまざまな人材が活躍しその能力を最大限に発揮することで、イノベーションを起こすことを意味します。

かつての日本社会では、会社への忠誠心や出世のため、家庭や家族を顧みずプライベートを犠牲にしてがむしゃらに働く人々が多く、「モーレツ社員」や「企業戦士」と称されていました。フルタイムで長時間労働できる男性社員が中心の企業経営だったのです。しかし現在は、世の中のニーズも多様化し、男女ともに時間的に制約のある働き方をする社員も増えてきました。ある栄養ドリンクのテレビコマーシャル「二四時間戦えますか」というキャッチフレーズが流行語大賞に選ばれたのは一九八九年のことでしたが、二〇一四年には「二四時間戦うのはしんどい」と打ち出し方を大きく変更しています。男性中心の長時間労働ではなく、さまざまな人材を受け入れ、限られた時間内で高いパフォーマンスを発揮することがよいと評価される風土の醸成が課題になったのです。

当社でも、私が入社した年にグループ会社全体でダイバーシティ推進プロジェクトの発足が発表されました。一年間の準備期間を経て、翌年からグループ全体でプロジェクトが本格始動となりましたが、各社から事務局メンバーが選出されることになり、当社では入社二年目の私が任命されました。会社としてもゼロベースからの立ち上げ、自分自身も新卒入社のためダイバーシティの取り組みが進んでいる会社に勤めたことがあるわけではなく、プロジェクトという活動自体に関わるのも初めてという状態からのスタートでした。推進にあたって、まずは当社の現状把握を行い、厚生労働省などの関連サイトを片っ端から調べ、ダイバーシティの公開セミナーに足を運び、他社の取り組みを研究しました。実際の取り組みのポイントをまとめると、次の三点となります。

① 全員参加型

当グループは男性比率が高いこともあり、まず着手したのは女性活躍推進でした。あくまでダイバーシティ施策の一部、第一段階という位置づけなのですが、一歩間違えば「ダイバーシティ＝女性活躍推進」というイメージがついてしまい、女性従業員ばかりにスポットが当たって、プロジェクトが女性たちだけで女性比率向上や職域拡大などを検討する集まりだと思われてしまう危険性がありました。本来のダイバーシティ（多様性）の意味が薄れてしまわないよう、「男女ともに」「さまざまな人材が活躍できるように」という点を強調して全社へ発信しました。

また、私が所属する本社だけでなく各事業所でも取り組みを進めてもらうため、多くの人を巻き込もうと考えました。社内のプロジェクト組織編成も各事業所の所長を責任者とし、男女混合・役職もさまざまな推進メンバーを選出してもらいました。

夏休みには、従業員のご家族を会社へご招待するファミリーデーというイベントも開催し、一人ひとりに大切な家庭がありお互い様の意識で支え合う必要があることを認識してもらうといった仕掛けづくりも行いました。

② 経営層によるコミットメント

労働環境の改善や、施設・設備面の見直し、規程・手順書の改定などを行うにあたり、それらが単なる福利厚生や企業イメージ向上のための施策と捉えられないためには、トップによるコミットメントが重要でした。経営層には、このプロジェクトを〝当社の成長に資する重要な経営戦略〟と位置づけていることを、会議で繰り返し話していただきました。

③ 生産性向上の意識づけと評価

その人でなければわからない、対応できない仕事があるという状態では、時間の制約がある従業員の活躍や労働時間の短縮は困難です。業務を属人化させないよう、棚卸し（見える化）とシェアが必要でした。実際に行ってみると、色々な人が関わることでよりよい方法が見つかったり無駄が省けたりするというメリットがありました。

また、仕事は所定時間内に終わらせることを基本とし、残業はあくまでイレギュラー時に事前申告制で認められることとしました。管理職も含めた定時退社日を設定することで、従業員一同が適切な労働時間の中で心身ともに健康に働き、時間あたりのパフォーマンスの高いチームが評価されるという風土の醸成を目指しました。このような観点を評価制度の中に取り込むことも有効だと思います。

ダイバーシティ（障害者雇用）を進めるために

ダイバーシティのもう一つの事例について、入社のきっかけとなった障害者雇用にも実際に対応しました。障害者雇用を進める際、社内の現場に「障害者の方に何かお願いできる仕事はありますか？」と尋ねても、なかなか良い返事はもらえません。受け入れにあたって、何に配慮する必要があり、どのような仕事をお願いできるものなのかがわからないからです。そこで、私はまず事業所の所長にヒアリングの機会をいただき、状況を整理するところから始めました。事業所の立地や設備面（トイレ、エレベーターなど）、利用可能な通勤手段、仕事内容、就業して欲しい日数や時間帯、雇用形態など、あらかじめ作成したフォーマットに沿って確認し、現場の実態に合わせて仕事の切り出しを行いました。特に、仕事内容については、事務、軽作業、清掃、庶務など大きくカテゴリ分けをしたうえで、事務であればコピー、ホチキス留め、封入、データ入力など作業単位に細分化した用紙を準備して、○×で回答してもらうよう工夫しました。

こうした工夫とともに、社外への働きかけも行いました。障害者雇用を推進するうえでハローワークや特別支援学校との関係づくりは重要です。社会福祉士資格を持つスタッフが在籍する一般企業はまだ少ないので、ハローワークの職員や特別支援学校の先生方に対しては一つのアピールポイントになります。また、特別支援学校の高等部に通う、障害を持つ生徒さんの職場実習を人事部門で受け入れた際には、私自身も実習生の対応を行いました。その実習生がこちらの指示を理解できているか、意思伝達ができているか、作業面や集中力・体調面で問題はないか、興味・関心は何かなど、細かく配慮し確認をしました。学生時代に自分がお世話になった実習先のスーパーバイザー（指導者）のことを思い出しながら指導することができ、大学時代の経験が役立っていると感じました。

大学での学びをどう活かすか

実際に働いてみて、大学での学びは人事の仕事でも活かせるスキルであると感じています。まず、コミュニケーション能力です。経営層、従業員、求人応募者、取引先や専門機関など、社内外との関わりが多い仕事のため、コミュニケーション能力は欠かせません。大学の演習の授業で繰り返しロールプレイングを通して学んだ傾聴のスキルも、役に立つ場面が多くあります。

次に戦略的思考です。人事の業務では、従業員の能力を最大限に発揮してもらい組織の最適化を図るために、課題を抽出し、どのような手法やリソースを活用して、どのように解決するかを考えていきます。ケースの発見→インテーク（受理面接）→アセスメント→プランニング→支援の実施→モニタリング→終結という「ソーシャルワークの展開過程」と通じる部分があると思います。

さらに、ＰＤＣＡサイクルについて、支援の実効性を高めるために行うＰ（Plan：計画）→Ｄ（Do：実行）→Ｃ（Check：評価）→Ａ（Action：改善）の流れは、社会福祉を学ぶ中で何度も経験すると思います。このサイクルは社会福祉の分野に限らず、さまざまな仕事をするうえでの基本です。ダイバーシティ推進プロジェクトの事務局など、初めてのことでも計画的に取り組み、検証しながら改善につなげていくことができたのは、社会福祉の勉強を通じてＰＤＣＡサイクルを回す経験をしていたからだと思います。

社会福祉とは直接的な関わりが薄いように見える一般企業においても、社会福祉学科での学びが十分活かせる場があることをおわかりいただけたでしょうか。ゼロベースからの取り組みも多く苦労する点もあるかと思いますが、今後、ダイバーシティの推進をはじめ、社会福祉を学んだ人たちが企業で活躍する場はどんどん広がっていくものと確信しています。一緒にがんばりましょう。

おわりに

社会福祉学科長の岡知史先生から、本書の刊行に寄せて次のような文章をいただきました。

■ソーシャルワークの魅力

この本に原稿を寄せてくださった誰もが（私を含めて）ソーシャルワークに魅せられているると思うのですが、その魅力はどこにあるかというと、究極のところ、そこで出会う人々にあるのだと思います。

これは耳学問なのですが、樹によい実をつけるためには、枝を切らなければいけないそうです。伸び伸びと自由に育った樹には、実がならない。枝を切ることによって樹にストレスを与える。樹は、そこに危機感を覚え大きな実を生むのです。

私たちソーシャルワーカーが出会う人々を、そのような樹に例えるのは失礼でしょうか。運命のために、あるいは何らかの事情のために、たいへんな状況にある人々です。しかし、そのような状況に置かれているからこそ、人として大きな実を結ぶことになります。人は誰しも大きな実を育む可能性があります。しかし、その可能性が目に見える形となり、大きく浮かび上がってくるのは、ソーシャルワークのなかで当事者と呼ばれている人の生きる姿においてなのです。

伊藤先生の「はじめに」にもあるように、多くの当事者は「社会的弱者」と見なされていました。たしかに伸び放題に育ち、実もなにもつけずに大きくなった樹と、枝は切られて大きく育たなかったものの、それゆえに真っ赤な大きな実をかかえる樹を比べて、雨や風に対してどちらが強いかと問われれば、それは前者かもしれません。しかし、樹としての可能性をどちらが深く教えてくれるかというと後者ではないでしょうか。そして寄り添う樹を選べと言われたなら、私なら迷わず後者を選びます。

ソーシャルワークでは、人への敬意が大切だと言われ、実習担当教員として私は、まさにそこだけを繰り返し学生たちに強調してきました。しかし「相手が高齢者だから、障害者だから、敬うように」と言っているのではありません。枝を切られた樹が、大きな実を育むように、厳しい状況のなかで懸命に生きている人には、そうではない人が持ち得ない強さや美しさが現れるのです。そして、それは本来、人として誰もが可能性として持つものだと知る時、当事者への敬意は、人間あるいは人間性全体への敬意に変わり、やがて自分自身にも同じく流れる生命への畏怖にもつながっていくのでしょう。

「はじめに」で紹介されたグローバル定義によれば、ソーシャルワークは社会を変えることを目指します。たしかにそうですし、私が、オープンキャンパスで高校生たちを前にしてソーシャルワークを語る時、強調するのは社会変革です。しかし、社会を変えることは遠大な計画であり、容易に実現できることではありません。

では、実際に社会を変えるまで、ソーシャルワーカーには耐え忍ぶ日々しかないのかというと、そうでもないと思います。当事者との日常は、自分自身をも含む人間について新たに考えるヒントを与えてくれます。ソーシャルワークを通して関わる私たちに生きる勇気と、そして人間として生きることの限りない広がりと可能性を教えてくれるのです。

この本によって一人でも多くの人々が、ソーシャルワークの魅力に気づき、ソーシャルワークへの学びに導かれることを願ってやみません。

岡　知史

本書の出版企画が持ち上がったのは昨年の九月のことでした。それから約一〇か月、スムーズに作業が進み、このような一冊の本が出来上がりほっとしています。まずは執筆にご協力いただいた二〇名の卒業生の方に、心よりお礼申し上げます。それぞれに仕事でお忙しい中、限られた期間で原稿をお寄せいただきました。私からの「注文」も多くハードな作業だったのではないかと思います。

私にとって、本書の編集作業はとても心弾む作業でした。執筆者の中には直接お会いしたことのない卒業生の方もいて、メールでのやり取りを通して活躍されている様子を知り、大学での学び（特に現場実習の重み）、ソーシャルワークの視点、支援のあり方など刺激的な対話をすることができました。顔を知っている卒業生については、原稿を読みながら学部時代の姿を思い出し、その成長ぶりが頼もしく温かい気持ちになりました。私自身、教員として何をなし得るのか、何を残せるのか向き合う時間でもありました。

表紙には私の名前が出ていますが、執筆者みなさんと同窓会の力が結集して本書を刊行できたことを申し添えます。イラストは、天野聖子さんからご紹介いただいた方にお願いすることができ、英語タイトルについては亀井祥子さんのお力を借りました。

昨年二〇一六年は上智大学社会福祉学科設立四〇周年（社会学科社会福祉学専攻創設五〇周年）という記念すべき年でした。この本が社会福祉学科の今までの確かな歩みと新たな道筋を示すものとなっていれば嬉しく思います。本書の印税は執筆者の方々の賛同を得て、発足したばかりの上智大学社会福祉学科奨学基金に寄付することとしています。

最後になりましたが、急ピッチで素敵なイラストをたくさん仕上げてくださったバベットしもじょうさん、ありがとうございました。上智大学出版の配慮、そして制作に携わってくださった出版社ぎょうせいのみなさんにも感謝いたします。

社会福祉を学び実践していく人たちの輪が広がることを願って。

二〇一七年夏

ソフィア・タワーの灯りの見える四谷キャンパスにて

伊藤　冨士江

執筆者一覧

◆編者

伊藤　冨士江　いとう ふじえ　（上智大学総合人間科学部社会福祉学科 教授）

◆執筆者（掲載順）

武田　玲子　たけだ れいこ　（明治学院大学社会学部付属研究所　ソーシャルワーカー）

沖原　江里加　おきはら えりか　（イギリス・デボン州地方自治体　児童ソーシャルワーカー）

関根　祥子　せきね しょうこ　（国立武蔵野学院　厚生労働教官）

一松　麻実子　ひとつまつ まみこ　（公益社団法人発達協会　ソーシャルワーカー・言語聴覚士）

和栗　久恵　わぐり ひさえ　（横浜市健康福祉局障害福祉課　社会福祉職）

中川　昌弘　なかがわ まさひろ　（社会福祉法人東京弘済園 地域サービス事業部 統括責任者）

川内　潤　かわうち じゅん　（NPO法人となりのかいご代表理事等　ソーシャルワーカー・介護支援専門員）

立川　利行　たちかわ としゆき　（水戸市東部高齢者支援センター　社会福祉職）

天野　聖子　あまの せいこ　（社会福祉法人多摩棕櫚亭協会 元理事長）

川口　真知子　かわぐち まちこ　（公益財団法人井之頭病院　ソーシャルワーカー）

亀井　祥子　かめい さちこ　（カナダ・ブリティッシュコロンビア州未成年精神保健部　心理臨床士）

早坂　由美子　はやさか ゆみこ　（北里大学病院トータルサポートセンター 課長補佐　ソーシャルワーカー）

牧　祥子　まき しょうこ　（聖路加国際病院 相談・支援センター医療社会事業科　ソーシャルワーカー）

福沢　祐真　ふくざわ ゆうま　（横浜市青少年相談センター　社会福祉職）

佐藤　奈々子　さとう ななこ　（相模原市教育委員会学務課　行政職）

上田　裕太郎　うえだ ゆうたろう　（静岡家庭裁判所浜松支部　家庭裁判所調査官）

木村　夏海　きむら なつみ　（公益社団法人被害者支援都民センター　犯罪被害相談員）

片岡　亮太　かたおか りょうた　（和太鼓奏者・パーカッショニスト）

椎名　勇太　しいな ゆうた　（キャリアコンサルタント・講師）

相澤　香織　あいざわ かおり　（SGムービング株式会社 本社管理部人事労務課係長）

岡　知史　おか ともふみ　（上智大学総合人間科学部社会福祉学科 教授）

◆イラスト

バベットしもじょう　（イラストレーター）

〈2017年4月1日現在〉

福祉が世界を変えてゆく
—社会の課題に取り組む現場の声—

2017年 8 月10日　第 1 版第 1 刷発行
2020年 9 月30日　　　　第 2 刷発行

編　者：伊　藤　冨士江
発行者：佐久間　　勤
発　行：Sophia University Press
上智大学出版
〒102-8554　東京都千代田区紀尾井町7-1
URL：http://www.sophia.ac.jp/

制作・発売　㈱ぎょうせい
〒136-8575　東京都江東区新木場1-18-11
URL：https://gyosei.jp
フリーコール　0120-953-431

〈検印省略〉

Printed in Japan
印刷・製本　ぎょうせいデジタル㈱
ISBN 978-4-324-10379-1
（5300272-00-000）
［略号：（上智）福祉世界］

Sophia University Press

上智大学は、その基本理念の一つとして、
「本学は、その特色を活かして、キリスト教とその文化を研究する機会を提供する。これと同時に、思想の多様性を認め、各種の思想の学問的研究を奨励する」と謳っている。

大学は、この学問的成果を学術書として発表する「独自の場」を保有することが望まれる。どのような学問的成果を世に発信しうるかは、その大学の学問的水準・評価と深く関わりを持つ。

上智大学は、⑴　高度な水準にある学術書、⑵　キリスト教ヒューマニズムに関連する優れた作品、⑶　啓蒙的問題提起の書、⑷　学問研究への導入となる特色ある教科書等、個人の研究のみならず、共同の研究成果を刊行することによって、文化の創造に寄与し、大学の発展とその歴史に貢献する。

Sophia University Press

One of the fundamental ideals of Sophia University is "to embody the university's special characteristics by offering opportunities to study Christianity and Christian culture. At the same time, recognizing the diversity of thought, the university encourages academic research on a wide variety of world views."

The Sophia University Press was established to provide an independent base for the publication of scholarly research. The publications of our press are a guide to the level of research at Sophia, and one of the factors in the public evaluation of our activities.

Sophia University Press publishes books that (1) meet high academic standards; (2) are related to our university's founding spirit of Christian humanism; (3) are on important issues of interest to a broad general public; and (4) textbooks and introductions to the various academic disciplines. We publish works by individual scholars as well as the results of collaborative research projects that contribute to general cultural development and the advancement of the university.

Social Workers as Trail Blazers :
Changing the World by Meeting the Needs of
Individuals, Families and Communities

published by
Sophia University Press

production & sales agency : GYOSEI Corporation, Tokyo
ISBN 978-4-324-10379-1
order : https://gyosei.jp